中央党校知名专家

解读

共同富裕

张占斌 董小君 黄锟 王海燕 等著

中共中央党校出版社

图书在版编目（CIP）数据

中央党校知名专家解读共同富裕 / 张占斌等著 . --北京：中共中央党校出版社，2022.1
ISBN 978-7-5035-7204-3

Ⅰ . ①中… Ⅱ . ①张… Ⅲ . ①共同富裕—研究—中国 Ⅳ . ① F124.7

中国版本图书馆 CIP 数据核字（2021）第 234851 号

中央党校知名专家解读共同富裕

策划统筹 任丽娜
责任编辑 任丽娜 桑月月 牛琴琴
责任印制 陈梦楠
责任校对 李素英
出版发行 中共中央党校出版社
地　　址 北京市海淀区长春桥路 6 号
电　　话 （010）68922815（总编室） （010）68922233（发行部）
传　　真 （010）68922814
经　　销 全国新华书店
印　　刷 中煤（北京）印务有限公司
开　　本 710 毫米 ×1000 毫米 1/16
字　　数 178 千字
印　　张 17.75
版　　次 2022 年 1 月第 1 版 2022 年 1 月第 1 次印刷
定　　价 68.00 元

微 信 ID：中共中央党校出版社 **邮　　箱**：zydxcbs2018@163.com

PREFACE

前言

共同富裕是社会主义的本质要求，是中国式现代化的重要特征。党的十九届五中全会明确了到2035年基本实现社会主义现代化远景目标，其中首次提出“全体人民共同富裕取得更为明显的实质性进展”。习近平总书记指出：“突出强调了‘扎实推动共同富裕’，提出了一些重要要求和重大举措。这样表述，在党的全会文件中还是第一次，既指明了前进方向和奋斗目标，也是实事求是、符合发展规律的，兼顾了需要和可能，有利于在工作中积极稳妥把握，在促进全体人民共同富裕的道路上不断向前迈进。”[①]“扎实推动共同富裕”重要思想如一条红线在《中共中央关于制定国民经济和社会发展第十四个五年规划和二〇三五年远景目标的建议》《中华人民共和国国民经济和社会发展第十四个五年规划和2035年远景目标纲要》中

① 习近平：《关于〈中共中央关于制定国民经济和社会发展第十四个五年规划和二〇三五年远景目标的建议〉的说明》，《人民日报》2020年11月4日。

得到了充分体现。党的十九届六中全会对推动人的全面发展、全体人民共同富裕取得更为明显的实质性进展进一步提出任务要求和战略安排，强调了到本世纪中叶，全体人民共同富裕基本实现。这是推动党和国家事业发展的重大战略，这是社会主义制度优势的充分体现。我们在落实中，必须准确识读共同富裕，避免产生偏差，使全体人民共同富裕取得更为明显的实质性进展。

2021年4月，习近平总书记在广西考察时指出，“让人民生活幸福是‘国之大者’。全面推进乡村振兴的深度、广度、难度都不亚于脱贫攻坚，决不能有任何喘口气、歇歇脚的想法，要在新起点上接续奋斗，推动全体人民共同富裕取得更为明显的实质性进展”[①]。这意味着，立足新的历史起点，使人民生活幸福，在观念上，要不断提高政治判断力、政治领悟力、政治执行力，心怀“国之大者”；在行动上，要踏实进取、再接再厉，扎实推动全体人民的共同富裕，以观念指引行动、以行动践行观念，正确处理二者之间的辩证关系，为把我国建设成为社会主义现代化强国，提供坚实的思想基础与实践保障。

心怀“国之大者”是扎实推动共同富裕的精神前提

心怀“国之大者”，树立全局观、系统观，有助于科学理

---

①《习近平在广西考察时强调　解放思想深化改革凝心聚力担当实干　建设新时代中国特色社会主义壮美广西》，《人民日报》2021年4月28日。

解扎实推动共同富裕的时代意义。“国之大者”指增进人民福祉、实现民族复兴的关键，维护社会稳定、促进国家繁荣的基础，是事关中国特色社会主义事业兴衰成败的大政方针和战略部署。牢记“国之大者”，就是要立足中华民族伟大复兴战略全局和世界百年未有之大变局，以历史性思维、全局性视角、系统性方法，审视新发展阶段、贯彻新发展理念、构建新发展格局。回望历史，共同富裕作为一种文化理念，在中国古代就已经初具雏形。在当代西方也有一些理论学说，呈现出共同富裕的某些观念。但是，一旦以世界历史的全局视角，仔细考察人类社会的发展变革，就不难发现，无论是中国古代抑或当代西方，都没能真正实现共同富裕这一人人盼望的美好理想。因为，它们都是以阶级压迫为存在和发展的基础，共同富裕根本不具备使自身现实化、具体化的物质基础。也就是说，在当今时代，相比于西方世界，消灭了压迫的社会主义中国，真正具备促进共同富裕的客观能力，拥有实现发展成果由人民共享的现实可能。所以，践行新发展理念，扎实推动共同富裕的现实意义具有深刻的世界历史性，它既是中华民族从封闭落后走向伟大复兴的关键一步，也是彰显社会主义制度优越性、创造人类文明新形态的时代宣言，为全人类创新发展理念、转变发展方式，提供了积极的借鉴与参考。

心怀“国之大者”，坚持以人民为中心的基本原则，有助于科学把握扎实推动共同富裕的价值指向。江山就是人民、人民就是江山，打江山、守江山，守的是人民的心。心怀“国之大者”，就是要始终坚持以人民为中心的基本原则，站稳人民立场，坚持全心全意为人民服务的根本宗旨。改革开放以来，中国社会的生产力水平不断提高，这要求我们正确处理生产力与生产关系、经济基础与上层建筑的辩证关系，使生产关系与上层建筑适应社会生产力和经济基础的发展，站在最广大人民群众的立场上，维护社会的公平正义，调整社会财富的分配方式，缩小收入差距，改善民生，切实提高人民群众的幸福感与获得感。党的十八大以来，中国人民在中国共产党的领导下，不仅把整个社会的生产力水平推向了新高峰，同时也彻底消灭了绝对贫困，实现了第一个百年奋斗目标，创造了彪炳史册的人间奇迹。当然，扎实推动共同富裕的历史进程是复杂的，我们面临着许多已知或未知的挑战。既要认识扎实推动共同富裕的重要性，又要认识到其长期性、复杂性和艰巨性。心怀“国之大者”，就是要在新的历史征程中，不忘初心、牢记使命，站稳立场，把准扎实推动共同富裕的价值指向，始终坚持以人民为中心。唯有如此，人民才能真正地把自身诉求与民族利益统一起来，党和人民才能更加紧密地联系在一起，中华民族才能拥有无比强大的凝聚力和向心力，妥善防范和应对各种风险，为实现伟大复兴扫清障碍。

扎实推动共同富裕是心怀“国之大者”的必然要求

心怀“国之大者”，立足社会主义制度，跨越中等收入陷阱，要求扎实推动共同富裕。实现共同富裕是中国人民的理想，也是中国共产党人为之奋斗的目标。到2020年底，我们已经全面建成了小康社会，为推动世界经济繁荣发展作出了突出贡献，站在了人均国民生产总值1万多美元的历史起点上，正从中上等收入国家向高收入国家的行列迈进。从国际经验看，一些发展中国家迈入了中上等收入国家行列以后，经过了几十年的努力，仍然一直在中等收入徘徊，没有突破中上等收入国家的上限。引起这种现象的主要原因是技术创新跟不上，产业没有升级，产品没有竞争力，就业难以解决，社会陷入了矛盾或动荡之中，即我们通常所说的“中等收入陷阱”。心怀“国之大者”，为人民谋幸福、为民族谋复兴，要求我们时刻警惕，避免堕入这个陷阱之中。在开启社会主义现代化国家建设的新征程中，扎实推动共同富裕，不断满足人民对美好生活的需要，更好地彰显社会主义的本质特征和共产党人的初心使命，增强全社会的创造力和流动性，在中国式现代化道路上行稳致远。

心怀“国之大者”，破解发展难题，增强发展动力，要求扎实推动共同富裕。当前和今后一个时期，人民日益增长的美好生活需要和不平衡不充分发展之间的矛盾仍然比较突出，创新能力不足、供需结构不匹配的问题仍然长期存在，地区差距、城乡差距、收入差距仍然较大，生态文明建设任重道远，民生保障和社会治理还有不少短板弱项，转型发展还面临不少体制机制障碍，重点领域安全风险不容忽视，守住底线防范系统性风险的任务仍然很重。这意味着，能不能实现高质量发展和高品质的生活，取决于我们能否破解发展难题，增强发展动力。在新时代的背景下，要想真正实现从过去的“有没有”到现在“好不好”再到将来“优不优”的历史转变，我们必须心怀“国之大者”，遵循创新、协调、绿色、开放、共享的新发展理念，提高经济发展的质量和效益，坚持以人民为中心，扎实推动共同富裕，让人民群众共享发展的成果。只有发展得到人民的认可，得到人民的拥护，这样的发展才是高质量、高品质、高效益的，人民的生活水平才能得到稳步的提高。

心怀“国之大者”，构建新发展格局，推动经济现代化，要求扎实推动共同富裕。伴随着全面建设社会主义现代化国家新征程展开，我国的需求结构、产业结构、技术体系、关联方式和经济增长动能等每时每刻都在发生变化，经济发展更多地依靠内需拉动，国内循环同国际循环的关系客观上需要不断调整。无论是从国际经济发展的趋势看，还是从大国发展的规律看，我们都需要完善发展战略，依托国内大市场优势充分挖掘内需潜力，构建一个超大规模的市场体系，增强国内大循环的主导作用，确保我国在极端情况下，依然保持经济正常运行和社会大局的总体稳定，真正实现高水平的自立自强。构建一个超大规模的内需体系，需要培育和释放强大的内需潜力，推动城乡居民收入普遍增长，让老百姓手里有钱愿意消费，支持这个大循环，支持构建这个新发展格局。所以，心怀“国之大者”，扎实推动共同富裕就显得尤为重要。要使社会财富更加公平合理的分配，增加中等收入群体，缩小社会收入差距，提高全社会的消费能力，为发展国内超大规模市场提供坚强的物质保障。

心怀“国之大者”扎实推动共同富裕的实践表达

心怀“国之大者”，扎实推动共同富裕，要求我们在实现区域协调发展中，更加注重推动先富带后富。浙江等发达地区在缩小区域差距、推进基本公共服务均等化便利化、收入分配制度改革等方面发挥了示范作用，为全国推动高质量发展和共同富裕作出了重要贡献。它们的经验表明，我们要按照“统筹有力、竞争有序、绿色协调、共享共赢”的区域协调发展新机制，优化经济发展地理格局，挖掘我国实现共同富裕的巨大空间潜力。要制定差异化的区域发展目标和战略重点，完善政府间财政转移支付机制，强化欠发达地区的公共服务财政供给能力，加大对贫困地区、欠发达地区的支持力度，逐步缩小区域发展差距，提升后富区域的发展能力。深化对口帮扶制度，完善结对帮扶关系，拓展帮扶领域，健全帮扶机制，优化帮扶方式，加强产业合作、资源互补、劳务对接、人才交流，动员全社会参与，在区域协调发展、协同发展、共同发展的基础上，提高发展的平衡性、协调性、包容性，实现更高水平的共同富裕。

心怀“国之大者”，扎实推动共同富裕，要求我们在乡村振兴战略实施中，巩固脱贫攻坚成果。具体而言，就是在保持帮扶政策总体稳定的前提下，集中精力和资源，顺利将脱贫攻坚平稳过渡到乡村振兴上。我们要继续完善返贫监测帮扶机制，对于易贫、返贫人群加强常态化监测，以“两不愁三保障”的总体要求，监测返贫致贫人口的收入与支出等状况，做到早发现、早干预、早帮扶，发展民生福祉。在此基础上，优化脱贫地区的产业结构，通过补齐脱贫地区产业技术、设施、营销等短板，实现产业的提档升级；通过发展乡村特色产业，加快劳动密集型产业发展，鼓励创新创业，提升乡村经济发展的活力；广泛动员社会力量参与，助推乡村振兴，加大乡村基础性设施的投入，在整体上对乡村生产、生活和社会事业设施等建设作出制度安排，打造一批环境优、生活好、乡风美的宜居村庄。

心怀“国之大者”，扎实推动共同富裕，要求我们在新型城镇化战略下，优化城乡一体化格局。遵照宜居、创新、智慧、绿色、人文、韧性的要求，建设一批高品质中心城市，形成人居品质示范效应，既要让城市发挥出对乡村的辐射功能，坚持以城带乡、城乡统筹，在产业支撑、人居环境、社会保障、生活方式等方面实现由“乡”到“城”的转型；又要使得城乡发挥出联动发展的优势，进而实现城乡生产要素的双向自由流动，优势互补，逐渐推动城乡一体化发展。在这一过程中，我们要继续加快推动农业转移人口的市民化进程，解决好农业转移人口随迁子女教育等问题，让他们安心进城稳定就业。

心怀“国之大者”，扎实推动共同富裕，要求我们在要素市场化自由流动方面有创新、有突破。要完善工资决定和增长机制，在职工薪酬方面，适时调整最低工资标准，增加一线劳动者的劳动报酬，提高劳动报酬在初次分配中的比重，保护劳动所得。同时，在再次分配中注意处理公平问题，推动薪酬制度改革，扩大工资分配自主权，以灵活多样的分配形式，使每个劳动者都能通过诚实合法劳动，共享改革开放的发展红利。高校毕业生、技术工人、中小企业主和个体工商户等，都是进入中等收入群体的重要力量，要为他们参与市场化资源配置创造条件。当然，也要增加城乡居民住房、农村土地、金融资产等各类财产性收入。

心怀“国之大者”，扎实推动共同富裕，要求我们在完善税收和财政支出的调节上，下真功夫、硬功夫。通过税收和转移支付，降低中等以下收入者的税收负担，提高劳动收入。同时，调节和监管高收入者，并以再分配的形式平抑高低收入者的差距，防止因收入差距过大产生的贫富差距代际传递，实现分配正义。要完善税种，提高税收起征点、探索合理的分级累进税制、加大对偷税、漏税行为的处罚力度，针对当下兴起的数字经济以及广泛应用的货币电子化的结算方式，加强金融风险的预估及预警等。另外，政府要优化涉及民生方面的财政支出，提升民生性支出比重，加大事关民生福祉方面如教育、医疗卫生、住房保障、就业、社会保障、养老等项目的转移支付力度并提高精准度。

心怀"国之大者"，扎实推动共同富裕，要求我们在第三次分配中，努力缩小收入与财富的差距。习近平总书记强调"共同富裕是全体人民共同富裕"[①]，在劳动产品的分配过程中，要注意防止居民收入与财富差距过大，产生两极分化现象。落实到第三次分配中，就是要求发展慈善事业降低收入与财富的差距。具体而言，要大力弘扬中国传统文化中的慈善精神，发展互助共济的慈善文化与环境；健全和完善慈善事业的法规和制度设计，鼓励有条件的企业和个人积极参与慈善事业建设，特别是慈善医院、学校和养老服务等建设事业。通过加大税收优惠的政策支持力度，构建慈善发展平台，加强慈善组织的监管。

心怀"国之大者"，扎实推动共同富裕，要求我们在维护和实现社会公平和正义方面积极发力。社会公平正义，对社会

① 习近平：《扎实推动共同富裕》，《求是》2021年第20期。

稳定和有序十分重要。要创造一个热爱、崇尚劳动和奉献的社会氛围。要着力保护劳动者的合法收入，规范和抑制非市场因素，制止企业或个人借助市场垄断优势谋取暴利，取缔非法收入，打击经济活动犯罪行为，缩小行业之间、部门之间、产业之间的收入差距，保障劳动者同工同酬的权利。完善社会信用体系、收入结算信息监测系统和个人所得税信息管理体系，使偷税漏税等经济犯罪无处遁形。建立健全资源有偿使用和生态环境补偿机制，让公共资源的占用、使用及收益惠及更多诚实守法的劳动者。

心怀“国之大者”，扎实推动共同富裕，要求我们在有效市场和有为政府建设方面发挥更大优势。公正、有序、竞争、高效的市场体系，才能确保每一个参与市场竞争的主体公平、平等地参与市场活动。要加快推进产权制度的法治化，推动市场监管的透明化。在这一过程中，明晰市场经济主体的权责，推动国有企业改革和支持民营、中小企业的发展，是完善市场体系的优先思考方向。要以开放性架构、社会机制、市场机制吸纳社会力量，大力拓宽社会组织和公众参与社会治理的渠道。运用大数据信息技术，打破部门界限、体制壁垒，对治理资源进行配置与整合。畅通市场主体的参与制度，使市场的各个主体可以通过有效、合理、合法的渠道将利益诉求纳入公共决策，让整个市场充满活力。

心怀“国之大者”，扎实推动共同富裕，要求我们在解决

民生福祉短板的问题上加快取得进展。完善劳动保护与公共就业服务制度，着力促进就业机会公平，扩大劳动收入；推进公共教育资源均等化，促进教育公平，为社会积累人力资本；推动基本医疗和公共卫生服务均等化，着力促进医疗服务可及性与健康公平；加大社会保障的调节力度，增强社会保障待遇和服务的公平性、可及性；完善养老服务体系，建设老年友好型社会，让每个人“老有所养”；加快建立多主体供给、多渠道保障、租购并举的住房保障制度体系，着力解决人口流入多、房价高的城市的住房保障问题；大力推动文化领域供给侧结构性改革，增强人民群众多样化、多层次、多方面精神文化需求和文化权益的保障。

张占斌

目录

CONTENTS

第一章
人类社会共同富裕思想的源起及历史演进

共同富裕是全体人类的共同价值追求。东西方文明在不同发展阶段分别为中国传统文化的小康、大同思想和西方社会的空想社会主义思想、福利主义思想。19世纪以来，马克思主义以科学的理论深刻认知了现代社会贫富差距与阶级对立的根源，指明了人类社会实现共同富裕的现实路径，为世界社会主义运动，奠定了坚实的理论基础。中国共产党人继承并发展了马克思主义的共同富裕思想，使中华民族在实现共同富裕的道路上不断攀登、昂首前行。

第一节　中国传统文化中的小康和大同思想

马克思说过："人们自己创造自己的历史，但是他们并不是随心所欲地创造，并不是在他们自己选定的条件下创造，而是在直接碰到的、既定的、从过去承继下来的条件下创造。"[①]毫无疑

①《马克思恩格斯选集》第1卷，人民出版社1995年版，第585页。

问，当代中国共产党人的共同富裕思想也受到了作为几千年延续、积淀下来的中国传统文化的小康和大同思想的影响。

一、中国古代社会的小康和大同思想

向往美好生活是人类的社会本性，中华民族自春秋、秦汉时期开始就梦想有一个繁荣、富裕、公正、平等的理想社会。中国古代文化典籍记载着丰富的相关思想资源，诸如《诗经》中“乐土”的概念，《墨经》中“尚贤”“尚同”的政治主张，《论语》中“不患寡而患不均，不患贫而患不安”的价值判断，《孟子》中“老吾老以及人之老，幼吾幼以及人之幼”的道德规范，等等。其中，最能代表中国古代社会理想的描绘要数“大同”和“小康”两个概念。“大同”和“小康”这两个概念分别源自《尚书》和《诗经》，并自战国至明清不断得到经史子集各部文献的使用和阐扬，其中尤以《礼记·礼运》关于“大同”社会和“小康”社会的描述最为全面和系统，影响也最为广泛和深刻。①

“同”的本义为“会合”，后来由“会合”引申“汇同”“一致”“统一”等意义。所谓“大同”，就是指那种高度一致的整齐境界。②《礼记·礼运》将“大同”社会描述为：

> 大道之行也，天下为公。选贤与能，讲信修睦。故人不独亲其亲，不独子其子。使老有所终，壮有所用，幼有

① 裴传永：《“大同小康”之论提出者诸说辨误》，《孔子研究》2020年第2期。

② 姜建设：《“大同小康”溯源》，《信阳师范学院学报》1994年第4期。

所长，矜寡孤独废疾者皆有所养。男有分，女有归。货，恶其弃于地也，不必藏于己。力，恶其不出于身也，不必为己。是故谋闭而不兴，盗窃乱贼而不作。故外户而不闭，是谓大同。①

总结起来，“大同”社会可由以下四个方面的指标反映。②其一，经济方面。在财产所有关系上，“大同”要求“货，恶其弃于地也，不必藏于己”，即，反对铺张浪费要费用得当，同时社会劳动创造出的是社会财富，不能个人独占。在社会劳动观上，“大同”要求“力，恶其不出于身也，不必为己”，即，有能力者愿意服务奉献，不是只为自己谋利益，而是着眼于社会的需要，为社会劳动。在社会保障制度上，“大同”要求“人不独亲其亲，不独子其子，使老有所终，壮有所用，幼有所长，矜寡孤独废疾者，皆有所养”，即，通过社会包办，实现幼有所育、老有所养、弱有所扶、充分就业。其二，政治方面。在社会组织主体上，“大同”要求“选贤与能”，即，由众人依据民主、平等、公平的原则选拔出“贤能”，同时众人保留着对“贤能”评判、否决和再选举的权力。在社会关系原则上，“大同”要求“讲信修睦”，即，人与人之间是一种民主平等、和睦相处的关系。其三，思想道德方面。“大同”要求“天下为公”，即，人们的觉悟很高，

①《礼记》，陈澔注，金晓东校，上海古籍出版社2016年版，第248页。

② 程平：《“大同”、“小康”与“全面建设小康社会”——“小康”思想探源及其当代意蕴》，《合肥学院学报》2005年第2期。

屏除私利，一心为公。其四，社会治理方面。“大同”要求“谋闭而不兴，盗窃乱贼而不作，故外户而不闭”，即，整个社会不会发生损人利己的事情，也不会出现抢劫、偷盗、杀人的事件，纵然家家户户门窗不闭，也不会有鸡鸣狗盗之事发生。

“小康”一词可溯源至《诗经》，《大雅·民劳篇》中记载“民亦劳止，汔可小康。惠此中国，以绥四方”。《礼记·礼运》将“大同”描述为最高理想社会形态，“小康”则定位于迈向“大同”所需要经历的中间社会形态。《礼记·礼运》将“小康”社会描述为：

> 今大道既隐，天下为家，各亲其亲，各子其子，货力为己。大人世及以为礼，域郭沟池以为固，礼义以为纪，以正君臣，以笃父子，以睦兄弟，以和夫妇，以设制度，以立田里，以贤勇知，以功为己。故谋用是作，而兵由此起。禹、汤、文、武、成王、周公，由此其选也。此六君子者，未有不谨于礼者也，以著其义，以考其信，著有过，刑仁讲让，示民有常。如有不由此者，在埶者去，众以为殃，是谓小康。[①]

总结起来，“小康”社会也可由以下四个方面的指标反映。[②]

---

①《礼记》，陈澔注，金晓东校，上海古籍出版社2016年版，第249页。

② 程平：《“大同”、“小康”与“全面建设小康社会”——“小康”思想探源及其当代意蕴》，《合肥学院学报》2005年第2期。

其一，经济方面。在财产所有关系上，“小康”要求通过“设制度”“立田里”的方式实现“货为己”。在分配上，“小康”要求“以功为己”，即，按劳分配，将功行赏。在社会保障制度上，“各亲其亲，各子其子”，即，保障范围以家庭为单位，各家自扫门前雪。其二，政治方面。在社会组织主体上，“小康”要求国家交由“禹、汤、文、武、成王、周公”以及与他们相似的君王来管理。在社会关系原则上，“小康”要求“大人世及以为礼，城郭沟池以为固，礼义以为纪”，即，有明确等级尊卑的礼制。其三，思想道德方面。“小康”要求“天下为家”，即，存在私利以及由此引起的道德问题。其四，社会治理方面。“小康”社会并非完全稳定，统治者一方面需要“刑仁讲让，示民有常”，另一方面也要重视“谋用”，以镇“兵起”。

“大同”社会对经济剥削、阶级压迫和社会动荡的黑暗现实进行了严厉的批判，表达了古代思想家对财产公有、民主政治、精神文明、全面社会保障、天下太平社会形态的向往，具有强烈的人民性。同时，古代思想家也意识到“大同”社会的实现不会一蹴而就，需要久久为功，经历“小康”社会的中间阶段。但是，“大同”社会，一方面是从抽象的道德和伦理原则出发的，缺乏现实的客观基础，在当时落后生产力的条件下，只能限于人们心中的美好愿望；另一方面，由于没有找到革除私有制的现实路径，它对原始社会原始公有制复归的愿望，并不代表社会进步。

二、中国近现代社会的小康和大同思想

1840年鸦片战争以后，由于西方列强入侵和封建统治腐败，中华民族遭受了前所未有的劫难。帝国主义、封建主义的双重压迫，使得中国思想家将共同富裕社会的建构作为救国救民的政治理想和行动方案。太平天国领袖洪秀全曾经试图建设“大同”社会，康有为提出“大同世界”的思想，孙中山提出“民生主义”的思想。

太平天国的共同富裕思想，主要体现在《天朝田亩制度》中。[①]关于土地所有关系，《天朝田亩制度》规定“凡天下田，天下人同耕，此处不足，则迁彼处；彼处不足，则迁此处。凡天下田，丰荒相通，此处荒则移彼丰处，以赈此荒处；彼处荒则移此丰处”，即，废除封建土地所有制，均分田地。关于分配关系，《天朝田亩制度》规定“天下人人不受私，物物归上主，则主有所运用；天下大家，处处平均，人人保暖矣”，即，屏除私利，平均分配物质财富。关于社会保障，《天朝田亩制度》规定“矜寡孤独废疾免役，皆颁布国库以养”，与《礼记·礼运》中的“大同”要求相一致，通过社会包办，实现幼有所育、老有所养、弱有所扶。《天朝田亩制度》一方面体现了中国几千年来农民阶级获得土地权利、追求生活平等的迫切愿望，另一方面因为脱离了社

① 王琳：《当代中国共产党人共同富裕思想研究》，光明日报出版社2015年版。

会实际，违背了历史发展规律，与古代“大同”思想一样可望而不可即。因此，《天朝田亩制度》既在客观现实条件下，因会严重挫伤生产积极性，造成生产力的倒退而无法实施；又因农民阶级的历史局限性，在统治集团的主观意愿中不愿实施。

作为近代中国维新派领袖以及最早学习西方的思想家之一，康有为在《大同书》中将《礼记·礼运》中的“大同”“小康”思想与近代西方资本主义民主制、议会制学说相结合，提出了一个合大地、同人类、保独立、为天乐、公生业、治太平、爱众生、至极乐的“大同世界”。[①]在经济制度上，康有为认为私有制不仅会带来贫富不均，而且由于存在同业竞争和盲目生产，必然会引起商业危机。因此，他主张在生产资料所有制上要求废除私有制，农工商业归公，由全社会共同管理；在资源配置方法上要求实行严格的计划经济，由商部依据全人类所需农副产品、工业品，考虑自然灾害因素及上年消费实际，订出计划，通报于工部、农部，工部、农部依据各地生产条件，下达年度生产计划。在政治制度上，康有为认为国家是导致战争和人类灾难的根源，因此要实现大同，必须经过三个步骤使国家消亡：第一，建立各国的平等联盟，各国之间势均力敌、相互制约、和平共处；第二，建立公议政府，公议政府制定国际公法以衡量是非曲直，拥有公共部队以制止越轨行为；第三，公议政府时期，各国逐步裁

---

① 王琳：《当代中国共产党人共同富裕思想研究》，光明日报出版社2015年版。

军，统一度量衡及语言文字，消除邦国称号，最终消除国家。在家庭制度上，康有为认为家庭是自私、狭隘等一切罪恶的根源，家族制度妨碍社会进步，因此要实现大同，必须经过两个步骤废除家庭：第一，实现女权彻底独立，实现男女平等。第二，改变婚姻制度，婚姻为合约，合约可长可短，一切自由；婴儿由社会公养，老人由社会公恤。在“大同”世界的实现方式上，康有为认为阶级斗争和革命会有流血和破坏，主张一些聪明的“仁人”广泛地宣传“大同”世界的好处，等到大家都赞成了，“大同”世界就会自然到来。[①]

康有为所在的时代，封建势力逐步衰落，资产主义正在萌芽。这正如马克思、恩格斯在《共产党宣言》中所分析的那样：“它们关于未来社会的积极的主张，例如消灭城乡对立，消灭家庭，消灭私人营利，消灭雇佣劳动，提倡社会和谐，把国家变成纯粹的生产管理机构，——所有这些主张都只是表明要消灭阶级对立，而这种阶级对立在当时刚刚开始发展，它们所知道的只是这种对立的早期的、不明显的、不确定的形式。因此，这些主张本身还带有纯粹空想的性质。”[②]毛泽东对康有为的“大同”世界评价道：“康有为写了《大同书》，他没有也不可能找到一条到达大同的路。”[③]

---

①李子文:《论康有为的大同思想》,《史学集刊》2001年第4期。

②《马克思恩格斯选集》第1卷，人民出版社1995年版，第304页。

③《毛泽东选集》第4卷，人民出版社1991年版，第1471页。

孙中山的共同富裕思想形成于19世纪末，他在游历英国期间发现英国的物质财富增长速度很快，但也并非如宣传的那样是一个完美无缺的理想世界。西方资本主义制度的缺陷在于贫富悬殊以及由此导致的社会矛盾尖锐、社会革命不断爆发。孙中山认为中国在未来社会的发展应该一方面借鉴欧美经济的经验，充分发展近代资本主义经济；另一方面吸取欧美社会的教训，防止资本主义垄断，实现共同富裕。基于以上考虑，孙中山提出了“民生主义”的对策。“民生主义”对策大体上包括三个方面。其一，“平均地权”。核定全国的土地价格，土地所有者照价纳税，社会改良进步后增加的地价归国家所有，国家如有需要可以按原价购买，这样人民可以通过税收平等地享受经济发展所带来的利益。其二，“耕者有其田”。在以平均地权的办法解决城市土地公有化的同时，孙中山并不反对农民的小私有经济。针对当时中国的农民绝大多数没有自己的土地而不得不租种地主土地，并承受着过高盘剥而造成的农民与地主严重对立的现状，孙中山主张国家出面收买地主的土地，然后授田给无地、少地的农民，或租给农民耕种。[①]其三，“节制资本”。第一，限制私人企业的经营范围。只允许私人资本经营规模较小、无独占性的企业，国有资本经营包括铁路、航运、邮电及大工业、大矿业、大商业等在内的有关国计民生的重要行业，这样巨额资本创造的财富就被全国国民共

① 黄香琴:《试论孙中山民生主义的共同富裕思想》,《山东农业工程学院学报》2015年第3期。

享，而非成为少数垄断者的私有财产。第二，通过累进税率的方式对资本家征收所得税和遗产税。国家用税收改善工人的教育、卫生和工厂的设备，增加社会生产力，从而让社会资本能够为多数人服务，实现社会财富的均衡分配。第三，出台保障劳工的权益的法律，减轻资本家对工人的剥削。[①]孙中山的“民生主义”对策是在对西方资本主义制度深入考察之后，结合中国积贫积弱的社会现实提出的，其中蕴含的共同富裕思想具有独创性和前瞻性，但由于没有民族独立这个政治基础，这些对策并没能充分付诸实践。

第二节　西方社会的空想社会主义和福利主义思想

一、西方社会的空想社会主义思想

随着现代资本主义在西欧一定程度的发展，其反人性的各种弊端在一定程度上得以暴露，“如果说以前在光天化日之下肆无忌惮地干出来的封建罪恶虽然没有消灭，但终究已经暂时被迫收敛了，那么，以前只是暗中偷着干的资产阶级罪恶却更加猖獗了。商业日益变成欺诈。革命的箴言‘博爱’化为竞争中的蓄意刁难和忌妒。贿赂代替了暴力压迫，金钱代替刀剑成了社会权力的第一杠杆。初夜权从封建领主手中转到了资产阶级工厂主的手

① 黄香琴：《试论孙中山民生主义的共同富裕思想》，《山东农业工程学院学报》2015年第3期。

中。卖淫增加到了前所未闻的程度。婚姻本身和以前一样仍然是法律承认的卖淫的形式，是卖淫的官方的外衣，并且还以大量的通奸作为补充。总之，同启蒙学者的华美诺言比起来，由‘理性的胜利’建立起来的社会制度和政治制度竟是一幅令人极度失望的讽刺画。那时只是还缺少指明这种失望的人，而这种人随着新世纪的到来就出现了”[①]。正是在这一社会背景下，西方空想社会主义应运而生，在对资产阶级及资本主义制度的批判中，构建出蕴含共同富裕思想的理想社会。

托马斯·莫尔在《乌托邦》中描述了一个虚构的航海家到一个奇异王国——乌托邦的旅行见闻。乌托邦在财产所有制上，实行公有制，公民个人没有任何私有财产，住房每十年进行调换一次；在劳动安排上，居民每天劳动六个小时就能满足社会需要，其余时间从事科学、艺术等活动；在分配关系上，实行按需分配，穿统一的工作服和公民装，在公共餐厅就餐；在城乡、工农关系上，每个公民需要轮流到农村劳动两年；在社会管理上，官吏由秘密投票的方式选举产生，职位不得世袭。[②]托马斯·康帕内拉在《太阳城》中也借航海家之口描绘了一个以公有制为基础、统一生产、共同劳动、按需分配的理想社会。

弗朗斯瓦·沙利·傅立叶认为充斥野蛮和兽性的资本主义制度与资本主义社会，在经过过渡性的保障制度和协作制度两个

---

①《马克思恩格斯选集》第3卷，人民出版社1995年版，第607页。

② 王琳：《当代中国共产党人共同富裕思想研究》，光明日报出版社2015年版。

阶段后，最终会进入和谐制度与和谐社会。协作社是和谐社会的基层组织，也被称为法郎吉。法郎吉在保留私有制和利润的前提下，实行有计划、有组织的生产、生活活动；按劳动、资金、知识进行分配，成员间的收入水平和消费水平存在差异，但这种差异控制在一定范围，不会导致矛盾和冲突。[①]傅立叶试图通过法郎吉这种社会组织来调和资本与劳动间的矛盾，以达到人人幸福的和谐社会。1832年他按照自己设计的和谐社会蓝图进行小规模试验，然而不到一年就不得不宣告失败。

罗伯特·欧文对资本主义的认识和批判要比傅立叶更深刻。傅立叶的和谐社会中还保留私有制和阶级。欧文则认为资本主义私有制是资本主义一切罪恶的根源，提出废除资本主义私有制，实行社会主义公有制。合作公社是欧文理想社会的基层组织。合作公社取消私有制，实行财产公有；消灭城乡对立，消除工人和农民、脑力劳动和体力劳动的差别；人人参加劳动，按需分配。[②]1824年欧文开始按照合作公社的蓝图进行试验，前后历经几十年，最后也归于失败。

空想社会主义者是在对资本主义现实民生状况的批判上产生的，对马克思、恩格斯有着重要影响。空想社会主义者看到了资本主义社会两极分化的现实，同情工人阶级的遭遇，企图建立一

① 张步仁：《论和谐社会由空想到现实的发展》，《南京航空航天大学学报》2006年第1期。

② 张步仁：《论和谐社会由空想到现实的发展》，《南京航空航天大学学报》2006年第1期。

个消除阶级对立与冲突，实现共同富裕的新社会。不可否认，空想社会主义者的共同富裕思想对社会主义思想的传播和发展作出了重要贡献，但它也存在着明显的缺陷。他们反对资本家对工人阶级的剥削，只是出于对工人阶级的同情，而没有从资本主义生产方式内部寻找根源，无法揭露这种剥削是如何进行的。他们关于未来新社会的种种构想是从理性原则出发设计的，没有建立在资本主义基本矛盾上，对此恩格斯指出："以往的社会主义固然批判了现存的资本主义生产方式及其后果，但是，它不能说明这个生产方式，因而也就制服不了这个生产方式；它只能简单地把它当作坏东西抛弃掉。"[①]他们对资产阶级抱有幻想，主张通过"和平的途径"以及"不会成功的试验"实现社会主义理想，忽略了无产阶级自我解放的力量。[②]由于没有建立在科学的分析方法上，他们对资本主义民生问题的认识仅仅诉诸道德批判，无法达到理论批判和实践批判；他们对未来社会的理论构建也只能停留在理论层面。

二、西方社会的福利主义思想

西方社会的福利主义思想主要体现在福利国家的理论与实践中。工业革命在西方资本主义国家的展开，一方面带来了生产力的快速进步，另一方面也带来了一系列的社会问题。为了维持社

①《马克思恩格斯选集》第3卷，人民出版社1995年版，第740页。

②《马克思恩格斯选集》第1卷，人民出版社1995年版，第304页。

会的稳定和劳动力的可持续再生产，1601年英国颁布《伊丽莎白济贫法》，它将对穷人的救济制度首次以立法的形式确立，使之成为国家的一项主要社会功能。此后英国国会先后通过了《新济贫法》(1834)、《矿工法》(1842)、《工厂法》(1844)、《10小时工作法》(1847)以改善劳工待遇，缓解阶级冲突，初步形成了现代社会政策体系。[①]与英国以救济贫民和预防贫困为目的的社会政策体系不同，德国社会政策体系的阶级调和特征更为明显。[②]德国先后颁布《劳工疾病保险法》(1883)、《工人赔偿法》(1884)、《伤残和养老保险法》(1889)，通过向工人提供制度化的养老、医疗、工伤、失业保险，赢得了工人阶级对政府的认同和支持，且为欧洲其他国家争相效仿。[③]1929—1933年的世界经济危机打碎了自由市场的神话，凯恩斯主义兴起，市场调节具有盲目性和自发性等缺点、需要通过国家干预来弥补市场失灵成为社会共识。二战后随着泰勒制科学管理和装配流水线在生产过程中的普及应用，福特主义成为主导的社会积累体系，在这一体系中，工会的力量得以增强，工资采用集体谈判的方式决定，工人的利益得到较好的保护。再加上冷战时期来自社会主义国家的外部竞争，二战后西方资本主义国家形成了一整套福利国家制度。

---

① 何子英：《西方福利国家的发展模式及其对我国和谐社会建设的启示》，《马克思主义与现实》2009年第2期。

② 周弘：《福利国家向何处去》，《中国社会科学》2001年第3期。

③ 何子英：《西方福利国家的发展模式及其对我国和谐社会建设的启示》，《马克思主义与现实》2009年第2期。

不同国家的福利制度有所不同。比如，英国为低福利、低市场、普救型福利国家；德国为高福利、高市场、普救型福利国家；瑞典为高福利、低市场、普救型福利国家；美国、新加坡和日本为低福利、高市场、补救型福利国家。[①]以二战后的美国为例，社会保险、公共帮助和社会服务构成其福利制度的三大政策支柱。社会保障由老年保险、幸存者保险、伤残保险、健康保险等组成，用以保护其国民免遭共同生活风险的伤害。社会公益事业是指为其国民提供最为基本的生活必需品和相关的服务，包括教育、卫生保健、住房、幼儿日托和法律服务等。最低物质供应也被称为反贫困政策，旨在通过提供现金、物品、服务和培训等多种方式为最贫困、最易遭受损失的居民提供最低物质生活保障，以确保他们能维持在最低生活水平之上。[②]

西方福利国家的理论与实践无疑提高了工人阶级的生活水平，具有进步意义。它们所采取的一些政策措施具有一定的借鉴价值，能够为我们在推进中国特色社会主义共同富裕的伟大实践中所采用。同时，我们也要清楚地认识到西方国家的福利制度具有片面性和不可持续性，无法使国民实现共同富裕。第一，西方国家的福利制度只管解决眼前问题，不顾发展的长远基础。第二，主要满足物质生活需要，忽视人们对美好生活的其他需要。第三，福利承诺成为政党竞争的手段，物质福利供给远超国民经

---

① 祁亚辉：《福利国家的比较研究》，海南出版社2004年版，目录。

② 张玉柯：《美国社会福利制度及其改革趋势》，《世界经济》1998年第2期。

济承受能力，这就导致了过高的工资与税负以及由此引起的经济金融化、经济空心化，这种福利制度如不及时作出改变将会导致政府破产等一系列问题。①

第三节　马克思主义的共同富裕思想

空想社会主义在对资产阶级及资本主义制度的批判中，构建出蕴含共同富裕思想的理想社会，但只有到了马克思主义，尤其是其历史唯物主义与剩余价值学说的创立，才为人类社会最终实现共同富裕奠定了坚实的理论基础，并找到了实现共同富裕的现实路径。

一、马克思、恩格斯的共同富裕思想

空想社会主义者对社会的共同富裕是无比期待的，但是，他们没有找到实现共同富裕的现实路径。因为，他们对于社会发展的内在动力、现代社会的本质特征、物质与精神贫困的产生根源都缺少客观的认知与判断。与之相比，马克思和恩格斯则找到了这些关键问题的答案，创立了历史唯物主义与剩余价值学说，为人类社会最终实现共同富裕，奠定了坚实的理论基础。应该说，马克思、恩格斯终其一生都关心社会底层贫困者的生存境遇，希

① 沈斐：《“美好生活”与“共同富裕”的新时代内涵——基于西方民主社会主义经验教训的分析》，《毛泽东邓小平理论研究》2018年第1期。

望超越现代资产阶级社会的内在矛盾，最终走向共同富裕，实现人的解放与自由而全面的发展。不过，理解现代社会内在矛盾的逻辑本质，找到超越现代社会历史局限的现实路径并不容易。马克思、恩格斯经历了复杂的思想探索与实践斗争才逐步实现了这一理论飞跃。

第一次工业革命极大地推动了生产力的进步，人类社会进入了机器时代，资本主义生产方式得到了前所未有的发展，也正是在这样的历史条件下，西方资本主义国家陷入了日益严重的贫富差距与阶级对立之中。社会财富被少数不从事生产活动的资本家占有，而广大的劳动者则日益贫困、生活窘迫、道德堕落。在《1844年经济学哲学手稿》中，马克思不无讽刺地指出，“工人生产的财富越多，他的生产的影响和规模越大，他就越贫穷。工人创造的商品越多，他就越变成廉价的商品。物的世界的增值同人的世界的贬值成正比”①。“物的世界的增值”，指的是社会财富的积聚与资本家的日益富裕，“人的世界的贬值”，指的是作为社会财富创造者的工人阶级的日益贫困。恩格斯在《英国工人阶级状况》中则犀利地指出，“如果社会把成百的无产者置于这样一种境地，使他们不可避免地遭到过早的、非自然的死亡……这也是一种谋杀”②。恩格斯曾经在英国对工人阶级生存境遇作过细致的调研与考察，他深刻地发现，工人阶级普遍身体羸弱、面黄

①《马克思恩格斯文集》第1卷，人民出版社2009年版，第156页。

②《马克思恩格斯文集》第1卷，人民出版社2009年版，第408—409页。

肌瘦、疾病缠身，而且生活条件极端恶劣艰苦，难以承受工作强度，缺少接受医疗和教授的基本条件，最终导致工人寿命普遍较短，遭受“过早的、非自然的死亡”。在这里，恩格斯之所以使用“谋杀”这一概念规定工人阶级现实境遇的成因，实际上是由于他清楚看到了资产阶级占有大量社会财富却不顾及工人阶级悲惨处境的事实。

要想实现共同富裕，必须先找到贫富差距日益拉大、阶级矛盾日益尖锐的深层原因。也是沿着这样的思路，马克思和恩格斯展开了理论探索。在《1844年经济学哲学手稿》中，马克思指出，工人的劳动过程及其产物不属于工人自己，而属于“工人之外的他人”[①]，也就是“资本家”。决定这种财富所有方式的深层所有制关系，被马克思称为“私有财产”。“私有财产”不是马克思发明的概念，国民经济学家也经常使用“私有财产”这一说法规定现代社会的所有制关系。不过，国民经济学家意义上的“私有财产”与马克思的观念有着根本不同。在国民经济学家看来，“私有财产”本质上是早在洛克时代就已经奠定的“劳动所有权”。也就是说，劳动者理应拥有通过自己的劳动创造出的产品，“私有财产”神圣不可侵犯。现代社会中的商品交往，其实也是劳动所有权基础上的等价交换。因此，现代社会充分赋予了个体“勤劳致富”的可能性。工人阶级的贫困与资产阶级的富有，在国民

①《马克思恩格斯文集》第1卷，人民出版社2009年版，第165页。

经济学家看来，归根结底只能是工人精神意志、能力素质不断外化的必然结果。

不过，与国民经济学家针锋相对，马克思认为，现代社会并没有遵循劳动所有权原则。因为，工人虽然对象化了自己的劳动，但是，劳动的过程及其对象化结果，都被资本家无偿占有了，因而当整体性地把握现代社会的生产过程，等价交换实际上也是不存在的。从这个意义上说，工人阶级不是现代社会中与资产阶级享有同等经济、政治和文化地位的成员，而是供养着资产阶级的奴隶。二者之间存在着压迫与被压迫、剥削与被剥削的关系。因此，劳动对于工人而言不是自由的、自愿的，而是强制的、被迫的。工人为资产阶级生产的必然是“宫殿”，但自己最终得到的必然是“棚舍”。对此，马克思深刻地指出，“在国民经济的实际状况中，劳动的这种现实化表现为工人的非现实化，对象化表现为对象的丧失和被对象奴役，占有表现为异化、外化”①。虽然《1844年经济学哲学手稿》不是马克思的成熟之作，但这并不妨碍马克思此时已经深刻洞悉了造成现代社会贫富差距与阶级对立的所有制根源。当然，在《资本论》及其手稿当中，马克思以“资本主义私有制”这一概念而非“私有财产”，清晰地界定了现代社会的所有制基础。

至此，马克思需要进一步阐释，资本主义私有制（私有财

---

①《马克思恩格斯文集》第1卷，人民出版社2009年版，第157页。

产）统治现代社会的深层经济机制及其历史生成路径。在《哲学的贫困》中，马克思指出，“利润和工资的提高或降低只是表示资本家和工人分享一个工作日的产品的比例”[①]。“一个工作日”指的是工人付出的一天的劳动，“利润”和“工资”分别是资本家和工人取得收入的不同形式，相同的是，二者都属于工人付出的劳动。所以，工人劳动的一部分，被资本家无偿占有了。这是马克思剩余价值学说相对较早的表达方式。当然，这种思想随着马克思对经济学研究的不断深入，得到了深入和系统的发展。在《1863—1865年经济学手稿》中，马克思指出，“必要劳动对工人来说体现在工人用工资（假定工资等于劳动能力的价值，或者说等于劳动的价值）买回来的那部分总产品中，而无酬劳动体现在与表现这个无酬劳动的价值相等的那部分产品中”[②]。在此，马克思清楚地将工人付出的劳动分为两个部分，即“必要劳动”和“无酬劳动”。“必要劳动”是工人为等价换得工资而付出的那部分劳动，用以获得生活资料。而“无酬劳动”，则是工人无偿为资本家工作却没有获得报酬的劳动，体现为资本家获得的利润。在《1857—1858年经济学手稿》中，“无酬劳动”也被称为“剩余劳动”。在《资本论》中，马克思进一步指出，“无酬劳动”（“剩余劳动”）是必要劳动之外，“不为工人形成任何价值”[③]的

①《马克思恩格斯文集》第1卷，人民出版社2009年版，第650页。
②《马克思恩格斯文集》第8卷，人民出版社2009年版，第577页。
③《马克思恩格斯文集》第5卷，人民出版社2009年版，第251页。

劳动，“无酬劳动”（“剩余劳动”）所创造的价值，被马克思称为“剩余价值”。所以，资本主义私有制条件下，资产阶级对工人阶级的剥削和压迫，贫富差距的拉大，阶级对立的形成，其实是以剩余价值的创造为内在经济机制的。

按照这样的逻辑，论述资本主义私有制的历史生成，其实也就是探究工人阶级为资产阶级贡献“剩余价值”这一经济活动是如何从历史中产生的。在《共产党宣言》中，马克思指出，“至今一切社会的历史都是阶级斗争的历史……从封建社会的灭亡中产生出来的现代资产阶级社会并没有消灭阶级对立。它只是用新的阶级、新的压迫条件、新的斗争形势代替了旧的”①。应该说，这是马克思和恩格斯相对较早地清晰阐释以资本主义私有制为基础的资产阶级社会的历史生成。不过总体而言，这还是对历史粗线条的宏观概述，还没有具体阐明剩余价值生产这种生产关系的历史由来。在《资本论》中，马克思指出，“创造资本关系的过程，只能是劳动者和他的劳动条件的所有权分离的过程，这个过程一方面使社会的生活资料和生产资料转化为资本，另一方面使直接生产者转化为雇佣工人”②。劳动者一旦失去了劳动条件，就失去了生产资料和生活资料，就自由得一无所有，只能依靠向掌握生活资料和生产资料的资本家出卖劳动力谋生。这样，源源不断生产剩余价值的生产方式也就诞生了。马克思把这一过程称为

①《马克思恩格斯文集》第2卷，人民出版社2009年版，第31—32页。

②《马克思恩格斯文集》第5卷，人民出版社2009年版，第822页。

“资本的原始积累”，而它的本质就是对广大劳动者的掠夺，是对封建社会生产方式的瓦解。至此，马克思基本澄清了现代资产阶级社会贫富差距日益拉大、阶级矛盾日益尖锐的深层经济机制及其历史生成。恩格斯在《反杜林论》中指出，马克思的剩余价值学说“揭露了现代资本主义生产方式以及以它为基础的占有方式的机制，揭示了整个现代社会制度得以确立起来的核心”①。

在马克思、恩格斯看来，工人阶级遭受的不仅是物质贫困，还有精神贫困，摆脱精神贫困，实现精神富裕，也是实现共同富裕的必然要求。马克思和恩格斯不仅关注工人阶级的物质境遇，他们同样关心工人阶级的精神境遇。在《国际工人协会共同章程》中，马克思指出，“劳动者在经济上受劳动资料即生活源泉的垄断者的支配，是一切形式的奴役的基础，是一切社会贫困、精神沉沦和政治依附的基础”②。很明显，马克思在探究资本主义生产方式造成贫富差距与阶级对立的同时，也深刻挖掘了它对工人精神生活的严重负面影响。在论述资本主义积累一般规律时，马克思指出，现代资产阶级社会“在一极是财富的积累，同时在另一极，即在把自己的产品作为资本来生产的阶级方面，是贫困、劳动折磨、受奴役、无知、粗野和道德堕落的积累”③。恩格斯在《英国工人阶级状况》中也指出，“工人的整个状况和周围环境

---

①《马克思恩格斯文集》第9卷，人民出版社2009年版，第214页。

②《马克思恩格斯文集》第3卷，人民出版社2009年版，第226页。

③《马克思恩格斯文集》第5卷，人民出版社2009年版，第744页。

都强烈地促使他们道德堕落”[①]。很明显，马克思和恩格斯都十分重视工人阶级物质境遇及其精神境遇的内在关联。不过，“无知、粗野、堕落”等现象，还不完全等同于马克思、恩格斯意义上的精神贫困概念。在《神圣家族》中，马克思清楚地指出，工人阶级遭受着“精神上和肉体上”[②]两种贫困，而精神贫困更主要指工人阶级缺乏对自身物质与精神境遇内在本质的客观认知，即“阶级意识”的缺乏。

马克思、恩格斯认为，要想使工人阶级摆脱物质和精神贫困，最终实现全社会的共同富裕，必须使工人阶级形成阶级意识，在阶级革命中，消灭资本主义私有制，推翻资产阶级统治，建立以生产资料公有制为基础的共产主义社会。在资本主义社会，工人阶级虽然遭受着深重的压迫，但是由于资产阶级意识形态的欺骗和工人内部的竞争关系，使得工人很难形成对自身阶级本质的理解。所以，在工业化初期，工人群体曾经认为是机器的发展使他们的待遇降低了，生活处境更加恶劣了。于是，以捣毁机器为核心目的的“卢德运动”在英国发展起来。同时，工人阶级内部也存在违法犯罪的现象。许多社会底层劳动者不堪生活的重负，走向了社会法律道德的反面，偷盗、抢劫，无差别地反对着现代社会中的一切人。另外，酗酒问题在工人群体中也普遍存在。英国的工人虽然工资收入较低，但是却用工资中的一大部分

①《马克思恩格斯文集》第1卷，人民出版社2009年版，第428页。

②《马克思恩格斯文集》第1卷，人民出版社2009年版，第261页。

满足自己对酒精的渴求。但是，无论是酗酒，逃避现实，偷盗抢劫，否定社会的法律道德，还是捣毁机器，都不是改变工人阶级现实处境的根本方式。随着被压迫程度的日益加深，随着工人阶级与资产阶级矛盾的日益激化，工人阶级必将会在不停息的斗争中意识到，他们的真正敌人，不是资产阶级依赖的物质生产资料、思想道德观念、社会法治体系，而是资产阶级本身，资产阶级依赖的物质生产资料、思想道德观念、社会法治体系，实际上是资产阶级压迫工人阶级的手段和工具。这时，工人阶级便形成了阶级意识，从精神贫困走向了精神富裕。工人阶级才能真正把矛头指向整个资产阶级。

摆脱精神贫困并不等于马上就能消灭资本主义私有制，建立公有制，实现物质生活的共同富裕。因为，资产阶级的力量是庞大的，在面对工人阶级的革命运动时，资本家也是联合在一起的，无产阶级革命必然是循序渐进，在曲折中不断发展的。正如马克思指出的那样，“无论哪一个社会形态，在它所能容纳的全部生产力发挥出来以前，是决不会灭亡的；而新的更高的生产关系，在它的物质存在条件在旧社会的胎胞里成熟以前，是决不会出现的”[①]。不过，能够确定的是，生产力的不断进步，必将把无产阶级革命推向胜利，这既是广大受压迫劳动者的共同心愿，也是历史发展的必然趋势。在《共产党宣言》中，马

①《马克思恩格斯文集》第2卷，人民出版社2009年版，第592页。

克思精辟地指出，“资产阶级无意中造成而又无力抵抗的工业进步，使工人通过结社而达到的革命联合代替了他们由于竞争而造成的分散状态。于是，随着大工业的发展，资产阶级赖以生产和占有产品的基础本身也就从它的脚下被挖掉了。它首先生产的是它自身的掘墓人。资产阶级的灭亡和无产阶级的胜利是同样不可避免的”[①]。

在生产资料公有制的条件下，劳动者既是生产资料的生产者，又是生产资料的所有者，因此不存在掌握生产资料而不劳动的剥削阶级，也不存在不掌握生产资料却劳动的被剥削阶级。不断制造贫富差距和阶级对立的制度被消灭了，共同富裕的实现，拥有了坚实的物质和经济基础，从理论走向了现实。同时，个人利益、共同体利益真正实现了统一，无论是在按劳分配的社会主义社会，还是按需分配的共产主义社会，人与人之间再也没有对抗性的利益关系，是真正意义上的和谐共处与团结奋斗，社会成员的精神世界，不会呈现出崇高与堕落的两极分化，而是共享整个社会的精神文明成果，实现精神生活的共同富裕，推动社会文化的繁荣发展。正如恩格斯在《反杜林论》中指出的那样，“通过社会化生产，不仅可能保证一切社会成员有富足的和一天比一天充裕的物质生活，而且还可能保证他们的体力和智力获得充分的自由的发展和运用”[②]。

---

①《马克思恩格斯文集》第2卷，人民出版社2009年版，第43页。

②《马克思恩格斯文集》第9卷，人民出版社2009年版，第299页。

二、列宁的共同富裕思想

马克思、恩格斯的学说对世界社会主义运动产生了巨大影响，列宁继承了马克思、恩格斯的共同富裕思想，最终引领俄国革命走向胜利。列宁关于现代社会贫富差距与阶级对立成因的判断与马克思、恩格斯是一致的，这是列宁共同富裕思想的逻辑起点。在《资本主义社会的贫困化》中，列宁指出，在资本主义生产方式的作用下，“工人的贫困化是绝对的，就是说，他们确实愈来愈穷，不得不生活得更坏，吃得更差，更吃不饱，更多的人栖身在地窖里和阁楼上。但是，工人的相对贫困化，即他们在社会收入中所得份额的减少更为明显。工人在财富迅速增长的资本主义社会中的比重愈来愈小，因为百万富翁的财富增加得愈来愈快了”[①]。能够发现，列宁的观点与马克思关于资本主义积累一般规律的判断基本一致。在现代资本主义社会中，工人阶级由于无偿地为资本家贡献剩余价值，遭受着残酷剥削和压迫，所以工人拥有的财富在社会总财富中的比重是不断降低的。另外，从一个更加长远的历史时期看，工人拥有财富比重的不断降低，必然最终导致工人拥有财富的绝对数量不断减少，也就是工人贫困的“绝对化”。

列宁也继承了马克思、恩格斯对资本原始积累的理解，在

①《列宁专题文集（论资本主义）》，人民出版社2009年版，第77—78页。

《卡尔·马克思》中的“马克思的经济学说”部分，列宁指出，“必须把资本主义基础上的资本积累同所谓原始积累区别开来。原始积累是强迫劳动者同生产资料分离，把农民从土地上赶走，侵略公有地，实行殖民制度、国债制度、保护关税制度等等。‘原始积累’在一极造成‘自由的’无产者，在另一极造成货币所有者即资本家”①。随后，列宁又大段地引用了马克思在《资本论》第一卷中的原文，进一步说明资本原始积累的性质和特点。这意味着，列宁不仅对资本主义生产方式本质的理解与马克思、恩格斯一致，对它的历史生成，也赞同马克思与恩格斯的判断。同时，列宁也继承了马克思的精神贫困思想，并且十分强调对广大群众的宣传、鼓动和组织工作，进而使他们摆脱精神贫困，加入推翻资产阶级统治的革命队伍中来。列宁指出，“争取社会革命的宣传鼓动工作，必须进行得更具体、更生动、更切合实际，不仅要使在资本主义制度下永远占无产阶级和一切被压迫阶级少数的有组织的工人能够理解，而且要使在资本主义的残酷压迫下不能好好地组织起来的多数被压迫者能够理解”②。“能够理解”，实际是对资本主义条件下，广大劳动者和被压迫群众精神世界的改造，而这种改造的本质，实际上是使之认识到自身境遇的本质，进而积极自觉地加入革命运动中。

应该说，列宁对精神贫困问题的论述要多于马克思、恩格

①《列宁专题文集（论资本主义）》，人民出版社2009年版，第22页。

②《列宁全集》第28卷，人民出版社1990年版，第210页。

斯。因为，列宁直接参与并领导革命运动，比马克思、恩格斯更直接地面对组织和动员群众的具体工作，更深入地处理政党建设等一系列问题。这使列宁重视对党员干部和普通群众的思想教育。如果说，摆脱精神贫困走向精神富裕在马克思、恩格斯那里是一条隐含于唯物史观内的思想线索，那么在列宁这里，它就是一条清晰具体的理论主线，贯穿着列宁思想发展的始终。

列宁把马克思、恩格斯的学说同当时世界经济政治格局的现实特点结合起来，指出了资本主义发展的新阶段与新趋势，丰富了马克思主义的共同富裕思想。列宁认为，资本主义发展已经从自由竞争阶段走向了垄断阶段，“一方面，金融资本就是和企业家垄断同盟的资本融合起来的少数垄断性的最大银行的银行资本；另一方面，瓜分世界，就是由无阻碍地向未被任何一个资本主义大国占据的地区推行的殖民政策，过渡到垄断地占有已经瓜分完了的世界领土的殖民政策”①。在这样的历史背景下，世界劳动者遭受的压迫更加深重，资本主义社会的内部矛盾已经空前尖锐，处于“垂死的”状态。也就是说，相比于马克思、恩格斯所处的时代，列宁认为，在19世纪末20世纪初，资产阶级社会更加接近于瓦解，资本主义生产方式更接近于崩溃，人类社会距离消灭剥削压迫最终实现共同富裕更进一步。正是在这样的世界历史背景下，列宁领导的十月革命取得成功，推翻了临时政府，建

①《列宁专题文集（论资本主义）》，人民出版社2009年版，第175页。

立起苏维埃政权，也是人类历史上第二个无产阶级政权。这是马克思主义共同富裕思想走向实践、指引现实的具体体现，是马克思、恩格斯、列宁共同富裕思想真理性的具体表达。当然，列宁的共同富裕思想并没有因此止步，而是继续推进。

列宁认为，为了激发社会主义经济事业的生机活力，提升社会的生产力水平，逐步实现广大人民群众物质生活的共同富裕，应当推行新经济政策。列宁认为，在一个相对落后的农业国家，从资本主义过渡到社会主义，要经历一个复杂而漫长的历史过渡期，“资本主义社会愈不发达，所需要的过渡时间就愈长”[①]。而在这个过渡时期，应当以实物税代替余粮收集制，与外国资本家签订租让合同，在一定程度上，发展资本主义经济，采取新经济政策。不过，发展资本主义经济，并不是让资本主义经济占据主导地位，无产阶级要“对资本家老爷加以适当的控制”，驾驭资本、引导资本，进而使自身仍旧掌握着国家政权和经济事业发展的领导权，使资本的发展及其成果为无产阶级所用。列宁认为，“恢复资本主义也就是恢复无产阶级，使他们在大机器工厂里生产有利于社会的物质财富，而不去做投机生意……不去干其他一些不太有益但在我国工业遭受破坏的情况下必然存在的‘活计’”[②]。

列宁认为，为了实现社会主义文化事业的发展繁荣，巩固无产阶级革命的重要成果，应当时刻防止精神贫困问题的卷土重

①《列宁专题文集（论社会主义）》，人民出版社2009年版，第252页。

②《列宁专题文集（论社会主义）》，人民出版社2009年版，第255页。

来，使广大劳动群众的精神生活日益丰富，对社会主义事业建设及其方向的认知更加深刻。在《论我们报纸的性质》中，列宁指出当时报刊建设存在的一些问题，“我们很少用现实生活各个方面存在的生动具体的事例和典型来教育群众，而这正是报刊在从资本主义到共产主义的过渡时期的主要任务。我们很少注意工厂、农村和连队的日常生活，这里创造的新事物最多，这里最需要关心、报道和公众的批评，最需要抨击坏人坏事，号召学习好人好事”[①]。所谓“事例”“典型”“好人好事”，实际就是能够反映出社会主义本质的现实代表，关注报道典型事例、好人好事，在列宁看来，能够更好地教育群众，使宣传工作落到实处，弘扬主流价值、构建主流文化。

第四节　中国共产党的共同富裕思想

无论是新经济政策还是列宁的文化建设思想，既符合马克思、恩格斯共同富裕思想的基本观念，但又没有照抄照搬马克思、恩格斯的经典思想，而是实现了理论与实际、历史与当代的结合与对话。列宁对马克思、恩格斯共同富裕的这种发展创造及其背后的方法论依托，极大地启发了中国共产党人，推动了马克思主义在中国的发展，使中国革命的面貌焕然一新。

①《列宁专题文集（论社会主义）》，人民出版社2009年版，第137页。

一、新民主主义革命时期的共同富裕思想

1913年，列宁在《落后的欧洲和先进的亚洲》中指出，“整个欧洲的当权势力，整个欧洲的资产阶级，都是与中国的一切反动势力和中世纪势力勾结在一起的”[①]。列宁的观察十分深刻，清楚地指出了当时中国革命的主要对象，即帝国主义和封建主义（“中世纪势力”）。

在新民主主义革命阶段，中国共产党对人民群众的悲惨境遇，有着深刻的认知。抗日战争时期，“大约百分之九十左右的分散的个体的农业经济和手工业经济，这是落后的，这是和古代没有多大区别的，我们还有百分之九十左右的经济生活停留在古代”[②]。“停留在古代”，广大农民“日益贫困化以至大批地破产，他们过着饥寒交迫的和毫无政治权利的生活。中国人民的贫困和不自由的程度，是世界所少见的”[③]。“停留在古代”指中国社会生产力与生产关系、人民群众物质生活与精神生活的双重落后。要想实现共同富裕，改变积贫积弱的现状，必须推翻压在中国人民身上的大山，推翻帝国主义与封建势力的统治。毛泽东在《中国革命与中国共产党》中清楚地指出，“中国现阶段革命的主要对象或主要敌人……不是别的，就是帝国主义和封建主义，就是帝

①《列宁专题文集（论资本主义）》，人民出版社2009年版，第82页。

②《毛泽东选集》第4卷，人民出版社1991年版，第1430页。

③《毛泽东选集》第2卷，人民出版社1991年版，第631页。

国主义国家的资产阶级和本国的地主阶级。因为，在现阶段的中国社会中，压迫和阻止中国社会向前发展的主要的东西，不是别的，正是它们二者。二者互相勾结以压迫中国人民，而以帝国主义的民族压迫为最大的压迫，因而帝国主义是中国人民的第一个和最凶恶的敌人”[①]。事实正是如此。如果没有西方帝国主义的侵略，中国社会也可以内在地发展到资本主义社会阶段。因为，在封建中国经济相对发达的地区，已经发展出了资本主义生产方式。随着生产力的发展与广大群众思想观念的变化，资本主义生产方式必将不断壮大。帝国主义的侵略，虽然刺激民族资本主义的发展，但是帝国主义的根本目的是与中国的封建势力联合起来，把中国变成殖民地，他在刺激民族资本主义发展的同时，也限制了民族资本主义的发展。至于中国社会的工人阶级和遭受地主阶级压迫的中农、贫农，处境则更加悲惨。

另外，帝国主义对中国的侵略不仅在物质层面，同时也在精神层面。帝国主义国家在中国“传教，办医院，办学校，办报纸和吸引留学生等……其目的，在于造就服从它们的知识干部和愚弄广大的中国人民”[②]。经济与政治侵略必然客观上伴随着文化侵略，文化侵略亦必将服务于经济与政治侵略。因此，中国人民的敌人，归根结底是帝国主义与封建主义及其背后的思想文化观念。所以，中国共产党领导的新民主主义革命，不是

①《毛泽东选集》第2卷，人民出版社1991年版，第663页。
②《毛泽东选集》第2卷，人民出版社1991年版，第630页。

社会主义革命。因为，新民主主义革命的斗争矛头，指向着背叛革命的大资产阶级，而不是一般的资本主义和资本主义的私有财产，中国共产党领导的工人阶级还要团结被帝国主义与封建主义压迫的民族资产阶级和小资产阶级。但是，新民主主义革命，也不是旧式的资产阶级革命。因为，新民主主义革命是工人阶级领导的，它虽然客观上促进了资本主义的发展，但是也为社会主义创造了前提，为通过社会主义革命建立社会主义社会奠定了基础。

同时，中国共产党在领导中国人民走向物质生活共同富裕的同时，也积极以共产主义的理论学说鼓舞人、感召人，使广大人民科学理解自身悲惨境遇的内在本质，认清新民主主义革命的历史意义及其未来发展趋势，形成对自身肩负的历史使命的高度自觉，形成阶级意识，逐步摆脱精神贫困，实现精神富裕。毛泽东指出，“当作国民文化的方针来说，居于指导地位的是共产主义的思想，并且我们应当努力在工人阶级中宣传社会主义和共产主义，并适当地有步骤地用社会主义教育农民及其他群众”[①]。毛泽东十分清楚，由于经济基础的决定性作用，新民主主义革命时期的国民文化，还不完全是社会主义的，但是这并不影响积极宣传共产主义和社会主义先进文化，为新民主主义革命的未来发展指明思想方向，奠定精神基础。

①《毛泽东选集》第2卷，人民出版社1991年版，第704页。

二、社会主义革命和建设时期的共同富裕思想

新民主主义革命的胜利，使中国人民从此站立起来了。中华人民共和国成立后，中国共产党团结带领中国人民，自力更生、艰苦奋斗，创造了社会主义革命和建设的伟大成就。不过，正如毛泽东指出的那样，新民主主义革命的根本目的，是为社会主义革命奠定基础。因此，为了巩固新民主主义革命的成果，实现马克思主义的共同富裕理念，中国共产党人领导中国人民开启了社会主义革命和建设的伟大历史进程。

1949年，党的七届二中全会指出，新民主主义革命在全国胜利以后，党的根本任务是使中国实现从农业国向工业国的转变，使中国社会实现由新民主主义向社会主义的转变。1953年，毛泽东指出，“从中华人民共和国成立，到社会主义改造基本完成，这是一个过渡时期。党在这个过渡时期的总路线和总任务，是要在一个相当长的时期内，基本上实现国家工业化和对农业、手工业、资本主义工商业的社会主义改造。这条总路线，应是照耀我们各项工作的灯塔，各项工作离开它，就要犯右倾或‘左’倾的错误”[①]。概括而言，党在过渡时期的总路线是“一化三改”“一体两翼”，即逐步实现社会主义工业化，实现对个体农业、手工业的社会主义改造以及对资本主义工商业的改造。新民主主义革命

①《建国以来重要文献选编》第4册，中央文献出版社1993年版，第348—349页。

虽然胜利了，但是资本主义生产方式在中国依旧存在，剥削制度仍旧保留有自己的生存空间。要想实现共同富裕，彻底改变中国人民遭受压迫的生存境遇，必须在新的历史条件下消灭剥削。另外，当时中国个体农业与手工业的生产经营模式，不适宜工业化的发展需要，因此，对它们的改革也势在必行。

中国古代社会劳动人民创造了农业文明，但是中国农村的生产模式往往以分散的个体劳动为基础，一直到中华人民共和国成立前均没有大的改变，这显然不能满足中华人民共和国成立后国家工业化的需要。于是，对农业领域生产方式的变革，就是实现农业生产的合作化，实现土地的集体所有和集体经营。到1956年底，针对农业的社会主义改造，经历了互助社、初级社、高级社三个基本阶段，全国加入合作社的农户超过了95%。与此同时，手工业者也在中国共产党的领导下逐步完成了社会主义改造，加入了合作社。针对资本主义工商业，中国共产党则采取公私合营等多种方式，逐步完成了对它的社会主义改造。至于民族资产阶级，则在“和平赎买”等政策的作用下，逐步转变为自食其力的劳动群众的一员。至此，中国社会发展进入了一个新的历史阶段，社会主义制度基本建立起来。

社会主义革命完成以后，中国共产党领导中国人民开启了社会主义建设的大潮，在新的历史起点上，开始了实现共同富裕的新征程。“共同富裕”的概念最早出现在我们党的正规文献中是1953年12月《中共中央关于发展农业生产合作社的决议》中，

“逐步实行农业的社会主义改造，使农业能够由落后的小规模生产的个体经济变为先进的大规模的合作经济，以便逐步克服工业和农业这两个经济部门发展不相适应的矛盾，并使农民能够逐步摆脱贫困的状况而取得共同富裕和普遍繁荣的生活。”[①]毛泽东首倡“共同富裕”，“共同富裕”一词在1953年以前未出现过，但是仅1953年一年之内，在《人民日报》上连续出现12次[②]。此后，这个概念和理论命题逐步传播开来。毛泽东强调，实现共同富裕，必须要坚持走社会主义道路，必须要大力发展社会生产力，必须要经历一个长期复杂的历史过程。为了“使全体农村人民共同富裕起来”[③]，毛泽东强调，“我们实行这么一种制度，这么一种计划，是可以一年一年走向更富更强的，一年一年可以看到更富更强些。而这个富，是共同的富，这个强，是共同的强。”[④]

1956年，毛泽东在《论十大关系》中指出，要正确处理重工业、轻工业和农业的关系。毛泽东看到，苏联和东欧一些国家，片面地发展重工业，这虽然极大提升了工业水平和国防实力，但是广大人民群众的生活水平却没有显著提高，反而呈现出日益贫困化的趋势。所以，要想实现共同富裕，改善人民的生活水平，彰显社会主义制度的优越性，必须正确处理重工业、轻工业与农业的关系，在推动生产力发展的基础上，不断改善人民的

---

①《建国以来重要文献选编》，中央文献出版社2011年版，第569—570页。

② 王琳：《当代中国共产党人共同富裕思想研究》，光明日报出版社2015年版，第27页。

③《毛泽东文集》第6卷，人民出版社1999年版，第437页。

④《毛泽东文集》第6卷，人民出版社1999年版，第495页。

生活。毛泽东认为，要妥善平衡工业布局，正确处理沿海工业和内地工业的关系。以毛泽东同志为主要代表的中国共产党人十分清楚中国区域经济发展的总体特点，更明白在推动共同富裕的过程中，不同区域根据自身特色，应当发挥不同的价值与作用。毛泽东指出，“沿海的工业基地必须充分利用，但是，为了平衡工业发展的布局，内地工业必须大力发展”[①]。毛泽东指出，应当正确处理国家、生产单位和生产者个人的关系。本质上，这是要正确处理个人利益与集体利益的关系问题。为了调动生产的积极性，提高生产效率，我们必须在维护国家与合作社利益的同时，兼顾个人利益，使个人与集体在实践和观念中，成为一个有机的统一体。

在共同富裕问题上，毛泽东提出许多有价值、具有开创性的思想观点，开启了我们党在中华人民共和国成立后探索共同富裕理论与实践的先河。但由于受时代特征和认识能力的局限，特别是后来“左”倾思想的影响，使得毛泽东在实现共同富裕问题的探索中，出现了曲折失误，具有明显的理想化和浪漫化倾向，导致理论脱离实际。比如，过分重视生产关系的反作用，忽视生产力的发展；过分重视社会公平，忽视按劳分配；过分重视精神激励的作用，忽视个人利益。给后人留下了一笔可供借鉴的思想财富。

---

①《建国以来重要文献选编》第8册，中央文献出版社1994年版，第246页。

三、改革开放和社会主义现代化建设时期的共同富裕思想

20世纪70年代末，贫困问题制约着中国社会的深入发展。邓小平指出，“现在在世界上我们算贫困的国家，就是在第三世界，我们也属于比较不发达的那部分。我们是社会主义国家，社会主义制度优越性的根本表现，就是能够允许社会生产力以旧社会所没有的速度迅速发展，使人民不断增长的物质文化生活需要能够逐步得到满足”①。邓小平的判断无疑是准确的。他清楚地看到了发达资本主义国家经济社会的飞速发展，科学技术进步日新月异，也看到了当时中国社会生产力水平的相对低下。这种强烈的反差和对比，使邓小平等中国共产党人进一步反思究竟何为社会主义，社会主义制度的优越性究竟应当以何种方式呈现。中国社会现实的倒逼与马克思主义理论的指引，一方面使中国社会发生了一次伟大的历史转折，一方面推动了中国共产党共同富裕思想的理论创新。

为了提高社会的生产力水平，改善民生，中国共产党人沉着冷静、审时度势，总结社会主义革命和建设时期的历史经验，顺应时代潮流，满足人民群众的期盼和需要，作出了改革开放的科学研判与历史决策。1978年12月，党的十一届三中全会在北京顺利举行，全会彻底否定了“两个凡是”，重新确立党的实事

---

①《邓小平文选》第2卷，人民出版社1994年版，第128页。

求是的思想路线，把全党的工作重点转移到社会主义现代化建设中，拉开了改革开放的大幕。邓小平指出，“贫穷不是社会主义”，“我们要赶上时代，这是改革要达到的目的”[①]。的确，贫穷不是社会主义，但究竟如何实现富裕，实现何种富裕，这是中国共产党人必须回答的问题。邓小平指出，“社会主义的本质，是解放生产力，发展生产力，消灭剥削，消除两极分化，最终达到共同富裕”[②]。按照马克思主义的理论，社会主义以公有制为基础，能够最大限度地调动劳动者的劳动热情，能够有计划、有目的地生产社会所需，能够在消灭剥削关系的基础上，极大地解放和发展生产力，实现全体劳动者的共同富裕。

在邓小平看来，共同富裕不是同时富裕，更不是均等富裕。中国的国情十分复杂，不同地区、城乡之间的经济发展程度各不相同。面对这样的事实，邓小平指出，“一部分地区、一部分人可以先富起来，带动和帮助其他地区、其他的人，逐步达到共同富裕”[③]。改革开放总体上分为对内改革和对外开放两个部分。对内改革则从改革农村的生产关系开始，1978年底，安徽省凤阳县小岗村开始实行家庭联产承包责任制，1983年，家庭联产承包责任制在全国范围内全面推广。这有效地突破了旧有生产关系对生产力发展的约束，调动了农民从事生产的积极性。与此同时，党

①《邓小平文选》第3卷，人民出版社1993年版，第242页。

②《邓小平文选》第3卷，人民出版社1993年版，第373页。

③《邓小平文选》第3卷，人民出版社1993年版，第149页。

中央、国务院在试办经济特区的基础上，进一步开放了14个港口城市，逐步建立起社会主义市场经济体制。邓小平指出，“社会主义和市场经济之间不存在根本矛盾。问题是用什么方法才能更有力地发展社会生产力。我们过去一直搞计划经济，但多年的实践证明，在某种意义上说，只搞计划经济会束缚生产力的发展。把计划经济和市场经济结合起来，就更能解放生产力，加速经济发展”①。在社会主义中国对外开放，发展市场经济体制，既需要巨大的政治勇气，也需要卓越的政治智慧。中国共产党人坚持马克思主义基本原理，密切关注变化发展的实际，通过系统的制度设计与清晰的路线规划，指出了改革开放的前进方向，发展出了带有中国特色的社会主义，为社会主义现代化建设奠定了坚实的路线基础，为共同富裕的逐步实现提供了有力的物质支撑。

邓小平认为，共同富裕不仅包括物质富裕，也包括精神富裕。1983年，邓小平指出，“过去很长一段时间，我们忽视了发展生产力，所以现在我们要特别注意建设物质文明。与此同时，还要建设社会主义的精神文明，最根本的是要使广大人民有共产主义的理想，有道德，有文化，守纪律”②。在社会主义条件下，建设精神文明，本质上就是使广大人民树立起社会主义的核心价值观念，提升人民的精神境界、文化观念与思想觉悟，丰富人民的精神生活，实现人民精神生活的共同富裕。改革开放以来，中

①《邓小平文选》第3卷，人民出版社1993年版，第149页。

②《邓小平文选》第3卷，人民出版社1993年版，第28页。

国社会的生产力水平得到了巨大提升，中国一跃成为世界第二大经济体，创造了一系列举世瞩目的伟大成就，民生问题得到了有效改善，中国特色社会主义文化也得到了蓬勃发展。

20世纪末，国内外局势发生了重大变化。世界社会主义运动在东欧剧变与苏联解体后一度走向低潮，进而引发了对科学社会主义理论和未来的质疑。面对复杂的新形势，以江泽民同志为主要代表的中国共产党人，坚持和完善社会主义制度，突出强调了共同富裕的重要意义，在新的历史条件下明确了实现共同富裕的实践路径。其一，在新形势下强调必须坚持共同富裕。从社会主义制度属性出发，江泽民同志指出，“实现共同富裕是社会主义的根本原则和本质特征，绝不能动摇。”[①]“绝不能动摇”不仅是对历史的坚持，还指向了现实的实践道路。江泽民明确指出，“党的十一届三中全会以后，我们党实行了一项政策，即允许和鼓励一部分地区、一部分人通过诚实劳动和合法经营先富起来，带动全国人民走共同富裕的道路。这是符合按劳分配原则的。”[②]其二，从社会主义前途命运角度明确共同富裕的重要意义。江泽民同志从国际社会主义发展与中国特色社会主义道路的前途命运角度强调，“一些发展中国家的经验证明，社会成员之间、地区之间贫富差距过大，就会引发民族矛盾、地区矛盾、阶级矛盾以及中央和地方的矛盾，就会出大乱子。因此，收入分配差距和地区差

①《江泽民文选》第1卷，人民出版社2006年版，第466页。

②《江泽民文选》第1卷，人民出版社2006年版，第68页。

距扩大的问题，必须引起我们高度重视。”[①]其三，在社会主义市场经济体制形成和发展过程中明确共同富裕实现路径。党的十四大明确提出的建立社会主义市场经济体制的改革目标，是我国经济体制发展历程中的重要变革。社会主义市场经济体制的建立有助于进一步解放和发展生产力，但也引发了效率与公平的关系问题。针对这一现实问题，江泽民同志提出要“兼顾效率与公平。运用包括市场在内的各种调节手段，既鼓励先进，促进效率，合理拉开收入差距，又防止两极分化，逐步实现共同富裕”[②]。20世纪与21世纪之交，江泽民同志深刻总结我们党的历史经验，提出了“三个代表”重要思想，指出了代表中国先进生产力的发展要求对于实现共同富裕的基础性作用，明确了代表先进文化的前进方向对于实现精神生活富裕的重要性，强调了始终代表最广大人民的根本利益与实现共同富裕的一致性，为在新形势下实现共同富裕提供了重要思想指导。

进入21世纪，面对着我国社会主义现代化建设的新情况新问题，以胡锦涛同志为主要代表的中国共产党人，提出了一系列有针对性的实现共同富裕的指导性思想和理念。其一，提出科学发展观作为实现共同富裕的重要指导思想。科学发展观的核心是以人为本，与实现共同富裕的要求相一致。胡锦涛同志指出，“要始终把实现好、维护好、发展好最广大人民的根本利益作为党和国

①《江泽民文选》第1卷，人民出版社2006年版，第543页。

②《江泽民文选》第1卷，人民出版社2006年版，第227页。

家一切工作的出发点和落脚点，尊重人民主体地位，发挥人民首创精神，保障人民各项权益，走共同富裕道路，促进人的全面发展，做到发展为了人民、发展依靠人民、发展成果由人民共享”[①]。这一判断实际明确了科学发展观与共同富裕的内在一致性。其二，提出在构建和谐社会中推动共同富裕。以胡锦涛同志为总书记的党中央提出的构建社会主义和谐社会，内在要求实现人与人的和谐、人与自然的和谐。这一实践要求直接指向了共同富裕的重要内涵，由此明确了和谐社会与共同富裕的内在联系，实际指出了共同富裕与社会和谐互相促进的重要关系。其三，提出要在更加重视社会公平中实现共同富裕。胡锦涛同志提出要妥善处理效率和公平的关系，更加注重社会公平，突出了切实维护和实现社会公平的重要意义，提出“使全体人民共享改革发展成果，使全体人民朝着共同富裕的方向稳步前进”[②]的发展方向。同时，以胡锦涛为总书记的党中央提出通过进一步推动区域协调发展的重大措施落实社会公平正义，通过缩小区域发展差距推动共同富裕。

四、新时代中国特色社会主义时期的共同富裕思想

党的十八大之后，中国特色社会主义事业进入新时代，中国共产党坚持和加强党的全面领导，统筹推进“五位一体”总体布局、协调推进“四个全面”战略布局，坚持和完善中国特色社

①《胡锦涛文选》第2卷，人民出版社2016年版，第624页。

②《胡锦涛文选》第2卷，人民出版社2016年版，第291页。

会主义制度，推进国家治理体系和治理能力现代化，坚持自我革命、完善党内法规体系，历史性地解决了困扰中华民族几千年的绝对贫困问题，实现了第一个百年奋斗目标，全面建成了小康社会，向着共同富裕的实现迈出了坚实的一步。

习近平总书记指出，“共同富裕是社会主义的本质要求，是中国式现代化的重要特征。我们说的共同富裕是全体人民共同富裕，是人民群众物质生活和精神生活都富裕，不是少数人的富裕，也不是整齐划一的平均主义”[①]。习近平总书记对共同富裕的概括，把握了时代的潮流，站在了历史的前沿，继承了前人的思想，反映了人民的需要，实现了马克思主义基本原理同中国具体实际和中华优秀传统文化的结合。的确，中国式的现代化道路的重要特征，就是社会财富由人民创造，发展成果由人民共享，共同富裕既是社会发展的内在动力和制度支撑，也是社会发展的必然结果和价值诉求。习近平总书记更加清楚地指出了共同富裕中国特色社会主义事业的重要地位，同时也明确强调了共同富裕包含的物质与精神两个重要维度，这是对马克思主义共同富裕思想的概括、总结、提炼和升华。

习近平总书记认为，促进共同富裕，要鼓励勤劳创新致富。新时代中国特色社会主义以公有制和按劳分配为主体。因此，劳动是创造社会财富和个人财富的根本方式。鼓励勤劳创新致富，

① 习近平：《扎实推动共同富裕》，《求是》2021年第20期。

既是社会主义基本经济制度的必然要求，同时也是充分调动人民生产积极性、发展社会生产力、实现共同富裕的必然选择。习近平总书记指出，“要防止社会阶层固化，畅通向上流动通道，给更多人创造致富机会，形成人人参与的发展环境，避免‘内卷’、‘躺平’”[①]。鼓励勤劳创新致富，不仅具有经济意义，更具有政治和文化意义。它能够维护社会财富分配的公平正义，激发人民群众参与劳动服务社会的热情，克服消极的文化心理。

习近平总书记认为，促进共同富裕，要坚持基本经济制度。具体而言，就是坚持“两个毫不动摇”。坚持公有制经济，是坚持社会主义前进方向，避免社会贫富分化与阶级对立的根本路径，是社会主义制度优越性的集中体现。历史的经验已经证明，正是由于公有制的主体地位，中国人民才能在中国共产党的领导下，集中力量办大事。脱贫攻坚战的最后胜利，小康社会的全面建成，就是在公有制的保障下实现的。这都是在西方资本主义制度下无法实现也不可想象的。鼓励非公有制经济发展，能够激发经济活力，使社会中的一部分先富裕起来，加快社会财富的积累，为相对落后地区和相对贫困人口发展提供物质保障。改革开放以来，非公有制经济不仅为社会创造了大量就业机会，也使中国与世界经济更加紧密地结合在一起，为中国经济社会的发展作出了巨大贡献。

---

① 习近平：《扎实推动共同富裕》，《求是》2021年第20期。

习近平总书记认为，促进共同富裕，要循序渐进，既要尽力而为，又要量力而行。习近平总书记指出，“共同富裕是一个长远目标，需要一个过程，不可能一蹴而就，对其长期性、艰巨性、复杂性要有充分估计，办好这件事，等不得，也急不得”[①]。的确，从新民主主义革命开始，中国共产党人就在为实现中国人民的共同富裕而接续奋斗。回首过往，我们比百年之前已经取得了更多的进步，已经在实现共同富裕的道路上更加自信地昂首前行，但是，距离共同富裕的最终实现还有一段相当长的距离。中国共产党人应当有政治决心和历史胸怀，脚踏实地，循序渐进，在推动新时代中国特色社会主义伟大事业不断前进的过程中，逐步实现共同富裕。

具体而言，习近平总书记指出，我们应当提高发展的平衡性、协调性、包容性，着力扩大中等收入群体规模，促进基本公共服务均等化，加强对高收入的规范和调节，促进人民精神生活共同富裕，促进农民农村共同富裕。[②]应当承认，在实现共同富裕的道路上，我们还面临着许多来自国内外的风险挑战，但是正因如此，我们应当自信自强、守正创新，统筹中华民族伟大复兴战略全局和世界百年未有之大变局，为共同富裕的最终实现勇毅前行。

① 习近平：《扎实推动共同富裕》，《求是》2021年第20期。

② 习近平：《扎实推动共同富裕》，《求是》2021年第20期。

第二章
扎实推动共同富裕的形成逻辑与科学内涵

马克思主义指出，每一个时代的理论包括政治经济学，都是“一种历史的产物，它在不同的时代具有完全不同的形式，同时具有完全不同的内容”[①]。把握一定理论的重要前提在于，考察这一理论出现的时代，特别要放在历史发展和思想史发展的长河中才能深刻领会理论的精神实质。由此，厘清扎实推动共同富裕的科学内涵与重要原则，必须深刻把握中国式现代化与共同富裕的逻辑关系，必须深刻认识新时代共同富裕理论的最新发展，方能在历史与理论的结合中认清问题。

第一节　扎实推动共同富裕的时代背景

习近平总书记在中央财经委员会第十次会议上指出：“共同富裕是社会主义的本质要求，是中国式现代化的重要特征。”[②]充分认识共同富裕是中国式现代化的重要特征，不仅有助于在发

①《马克思恩格斯文集》第9卷，人民出版社2009年版，第436页。

② 习近平：《扎实推动共同富裕》，《求是》2021年第20期。

展进程中揭示中国式现代化的历史规定，而且对于理解中国式现代化“新”在何处，认清与西方现代化道路的重大区别，都具有重要意义。由此，在中国式现代化新道路的逻辑进路中认清共同富裕的形成逻辑，构成了把握共同富裕的科学内涵的重要背景。

一、追求共同富裕贯穿中国式现代化新道路形成和拓展的历史过程

中国式现代化新道路源于中国共产党的伟大创造，是党团结带领人民探索开创的，党的领导是中国式现代化新道路独特的政治优势。“中国共产党一经诞生，就把为中国人民谋幸福、为中华民族谋复兴确立为自己的初心使命”①。在追求现代化的历史过程中实现共同富裕，体现着中国共产党人始终不变的初心使命。在中华人民共和国成立初期，以毛泽东同志为主要代表的中国共产党人，通过社会主义改造开启了现代化建设的历史征程，实现了有史以来最为广泛而深刻的社会变革，确立了社会主义基本制度，从而奠定了现代化建设的根本制度基础。在此基础之上，毛泽东便已从社会主义制度层面指出，现在实行的制度，是可以一年一年走向更富更强的，而这个富，是共同的富。党的十一届三中全会之后，以邓小平同志为主要代表的中国共产党人深刻总结

① 习近平：《在庆祝中国共产党成立100周年大会上的讲话》，人民出版社2021年版，第3页。

“文化大革命”的经验教训，作出了把党和国家的工作重心转移到经济建设上来，并作出了改革开放的伟大决策。在此基础上，党的十二大明确提出“把马克思主义的普遍真理同我国的具体实际结合起来，走自己的道路，建设有中国特色的社会主义”[①]重大命题，由此明确了中国现代化发展道路，并开创了中国特色社会主义道路。邓小平曾提出：“一个公有制占主体，一个共同富裕，这是我们所必须坚持的社会主义的根本原则。”[②]邓小平从社会主义根本原则的角度明确了共同富裕与中国特色社会主义事业的关系，而这正是共同富裕与中国式现代化新道路关系的生动体现。不止于此，我们党团结带领人民在探索现代化道路过程中，向着共同富裕目标不断迈进。中国特色社会主义进入新时代，习近平总书记强调：“我们追求的发展是造福人民的发展，我们追求的富裕是全体人民共同富裕”[③]，“我们必须把促进全体人民共同富裕摆在更加重要的位置”，“推动人的全面发展、全体人民共同富裕取得更为明显的实质性进展”[④]。一代又一代中国共产党人接续践行初心使命，追求共同富裕贯穿中国式现代化新道路形成和拓展的历史全过程。

---

①《邓小平文选》第3卷，人民出版社1993年版，第3页。

②《邓小平文选》第3卷，人民出版社1993年版，第3页。

③《中共中央召开党外人士座谈会　习近平主持并发表重要讲话》，《人民日报》2015年10月31日。

④《中共中央关于制定国民经济和社会发展第十四个五年规划和二〇三五年远景目标的建议》，人民出版社2020年版，第55页。

二、追求共同富裕体现在中国式现代化不断丰富发展的奋斗目标中

在开辟和拓展中国式现代化新道路过程中，中国共产党人持续探寻实现共同富裕的实践路径，在小康社会与现代化建设中不断为实现共同富裕而奋斗。改革开放时期，我们党团结带领人民既不走封闭僵化的老路，也不走改旗易帜的邪路，而是坚定不移走中国特色社会主义道路。我们从中国所处社会主义初级阶段的具体国情出发，将全面建成小康社会作为第一个百年奋斗目标，坚持在发展中不断保障和改善民生。“小康”本为古代中国对理想社会的憧憬，体现了中国人民对丰衣足食的向往与追求。邓小平改造了“小康”一词的概念内涵，创造性地使用了“小康社会”来描绘中国现代化发展图景。1979年，邓小平第一次使用“小康”概念展现中国的现代化蓝图，指出“我们的四个现代化的概念，不是像你们那样的现代化的概念，而是‘小康之家’”①。围绕实现小康社会的战略安排，我们党提出了“翻两番”的重要目标，规划了“三步走”重要战略，以阶段性发展目标建设现代化。如今，经过全党全国各族人民持续奋斗，在全面脱贫攻坚完成的基础上，我们实现了第一个百年奋斗目标，在中华大地上全面建成了小康社会，历史性地解决了绝对贫困问题。脱贫攻坚战取得了

①《邓小平年谱（1975—1997）》上卷，中央文献出版社2004年版，第582页。

决定性成就，消除了绝对贫困，使得我们站在了实现全面建成小康社会的新的历史起点上，也意味着我们在共同富裕道路上迈出了坚实一步。如今，我们不仅消除了绝对贫困，综合国力和人民生活水平都迈上了新的台阶。2020年，我国国内生产总值超过100万亿元，人均国内生产总值超过了1万美元，经济现代化建设取得了重要成就，为中国现代化的事业发展奠定了坚实基础。党的十九大报告提出，到2035年“全体人民共同富裕迈出坚实步伐”，到本世纪中叶“全体人民共同富裕基本实现，我国人民将享有更加幸福安康的生活”。在此基础上，党的十九届五中全会提出了更为具体的要求，提出到2035年“人均国内生产总值达到中等发达国家水平，中等收入群体显著扩大，基本公共服务实现均等化，城乡区域发展差距和居民生活水平差距显著缩小”，“人民生活更加美好，人的全面发展、全体人民共同富裕取得更为明显的实质性进展”。[①]这些重要决策部署，指明了实现共同富裕的前进方向，描绘了实现共同富裕的宏伟蓝图。

三、追求共同富裕明确了走中国式现代化新道路的必然要求

中国式现代化新道路是马克思主义基本原理同中国具体实际相结合的伟大创造。马克思主义科学揭示了人类历史发展规

---

①《中共中央关于制定国民经济和社会发展第十四个五年规划和二〇三五年远景目标的建议》，人民出版社2020年版，第11页。

律、社会主义发展规律，为我们认识世界、改造世界提供了科学的世界观和方法论。具体而言，马克思主义理论对社会两极分化进行了深刻批判。马克思从资本积累角度指出了“分裂为两极”的历史形式：“与工人相对立的已经积累起来的财富也作为统治工人的财富，作为资本，以同样的程度增长起来，与工人相对立的财富世界也作为与工人相异化的并统治着工人的世界以同样的程度扩大起来。与此相反，工人本身的贫穷、困苦和依附性也按同样的比例发展起来。”[①]可以看出，资本主义制度必然导致一边是财富的积累和集中，一边是贫困的积累和扩大的两极分化，进而致使资本主义陷入危机乃至崩溃。不止于此，马克思还从科学社会主义的角度分析了未来社会的重要特征，即社会生产力的发展将如此迅速，生产将以所有的人富裕为目的。这是由于，“无产阶级的运动是绝大多数人的、为绝大多数人谋利益的独立的运动”[②]；通过无产阶级运动建立的未来社会，将以公有制为主体，在此之下的劳动“会成为吸引人的劳动，成为个人的自我实现”[③]，最终将实现“各尽所能、按需分配”。要而言之，未来社会“代替那存在着阶级和阶级对立的资产阶级旧社会的，将是这样一个联合体，在那里，每个人的自由发展是一切人的自由发展的条件”[④]。由此，基于马克思主义理论引导的中国式现代化道路，

①《马克思恩格斯文集》第8卷，人民出版社2009年版，第544页。

②《马克思恩格斯文集》第2卷，人民出版社2009年版，第42页。

③《马克思恩格斯文集》第8卷，人民出版社2009年版，第616页。

④《马克思恩格斯文集》第2卷，人民出版社2009年版，第53页。

必然要求实现人的全面发展和社会的全面进步。正是源于对马克思主义理论的充分认识，党的十九大提出，我国社会主要矛盾已经转化为人民日益增长的美好生活需要和不平衡不充分的发展之间的矛盾。着力解决新时代社会主要矛盾，就要不断创造美好生活，逐步实现全体人民共同富裕。习近平总书记指出，要坚持把增进人民福祉、促进人的全面发展、朝着共同富裕方向稳步前进作为经济发展的出发点和落脚点。我们党将促进全体人民共同富裕作为为人民谋幸福的着力点，致力更好满足人民日益增长的美好生活需要。也正因为如此，中国式现代化新道路得到广大人民的真心拥护。

四、追求共同富裕彰显中国式现代化新道路的深厚文化底蕴

习近平总书记指出，优秀传统文化是一个国家、一个民族传承和发展的根本，如果丢掉了，就割断了精神命脉。中国式现代化新道路传承弘扬了中华优秀传统文化的价值理念和理想追求，具有深厚的历史文化底蕴。中华优秀传统文化中包含着丰富的关于小康、和谐、大同社会的思想。“天道均平”是古代民众追求公平、富裕社会的思想萌芽。《礼记·祭法》记载：“黄帝正名百物，以明民共财”，意即黄帝为百物正名，以明晰万物，将物名之学作为财富与民共享。人类由原始社会进入阶级社会后，原有的共劳共享格局被打破，人与人之间有了穷富贵贱之分，阶层分化愈

演愈烈。在贫富分化的社会环境中，许多文人墨客的笔触，或承载着百姓的呐喊，或饱含对君王的谏言。《管子·霸言》记载有春秋时期齐国政治家管仲提出的“以天下之财，利天下之人”的治国理政主张。《晏子春秋·内篇问上》记载有齐国大夫晏婴提出的“权有无，均贫富，不以养嗜欲”的思想。《论语·季氏》记载有孔子提出的“闻有国有家者，不患寡而患不均，不患贫而患不安”的思想。秦国商鞅在《商君书·说民》中指出：“治国之举，贵令贫者富，富者贫”，主张通过政策法令平衡占有的财富。西汉戴圣《礼记·礼运》记载有“大道之行也，天下为公”“不独亲其亲，不独子其子，使老有所终，壮有所用，幼有所长，鳏寡孤独废疾者皆有所养”的美好社会愿景，即大同理想。在我国近代史上，从太平天国《天朝田亩制度》的土地改革，到康有为《大同书》对世界大同的憧憬，再到孙中山天下为公的“大同主义”，都反映出中华民族对社会大同的期待。但由于历史局限性，这些美好愿望或共同期待没能建构与之相适应的制度基础和物质条件，只能停留在对未来的憧憬之中。中国共产党自成立以来，在领导中国人民进行革命、建设、改革的实践中，创造性地继承与转换了“大同”社会理想、“以民为本”思想等，始终坚持为中国人民谋幸福、为中华民族谋复兴，始终关切人民群众最根本、最深厚的利益福祉，始终贯穿追求共同富裕的政治遵循，实现了这些理想、愿望、憧憬的现实化。事实证明，只有中国特色社会主义道路的开创、中国式现代化新道路的开辟，才能为实现共同富裕奠定扎实的生产力条件和社会发展基础，使得共同富裕理想能够在中华大地上一步步成为现实。

第二节　新时代共同富裕理论的形成逻辑

党的十八大以来，面对新时期、新任务、新挑战，习近平总书记高度重视共同富裕问题，持续探索共同富裕实现道路，形成和发展了一系列关于共同富裕的新思想、新部署、新举措，深刻回答了新时代实现什么样的共同富裕、怎样实现全体人民共同富裕等重大问题，使得我们党对共同富裕的认识达到了新的高度，是全体人民建设实现共同富裕的社会主义现代化国家的思想指引和行动指南。由此，习近平总书记关于共同富裕的重要论述，是新时代共同富裕理论的最新发展成果，是把握扎实推动共同富裕科学内涵的理论根据。厘清习近平总书记关于共同富裕的重要论述的形成逻辑，不仅有助于深化对于共同富裕的认识，还能够自觉在推动共同富裕的行动中与以习近平同志为核心的党中央保持高度一致，共同迎来逐步实现全体人民共同富裕的时代。通过马克思主义“从后思索法”可知，习近平总书记关于共同富裕的重要论述的形成有着内在的逻辑理论，是历史逻辑、理论逻辑、实践逻辑和价值逻辑的辩证统一，表现为历史、理论、现实与价值相统一的形成和发展过程。

一、历史逻辑：中国特色社会主义迈入新时代历史方位

习近平总书记强调把逐步实现全体人民共同富裕摆在更加重要的位置上，这既是对民族和国家历史主线与主题的自觉贯彻，也是对我国发展所取得的历史性成就的清晰认识，还是对未来发展任务的深刻把握，根本上是立足我国发展新的历史方位——中国特色社会主义新时代。

实现中华民族伟大复兴中国梦与实现共同富裕相统一。从近代百年以来的探索历程看，“中国共产党团结带领中国人民进行的一切奋斗、一切牺牲、一切创造，归结起来就是一个主题：实现中华民族伟大复兴”[①]。这个主题正是习近平总书记2012年11月29日在参观《复兴之路》展览后明确指出的中华民族近代以来最伟大的梦想——中国梦。中国梦正是中华民族孜孜以求的奋斗目标，也是中国近代以来历史生成的核心主题。习近平总书记提出的中华民族伟大复兴的中国梦，以国家富强、民族振兴、人民幸福为核心内涵。在阐述中国梦的具体内涵时，习近平总书记多次强调了共同富裕与中国梦的统一性，指出“中国梦是中华民族的梦，也是每个中国人的梦。我们的方向就是让每个人获得发展自我和奉献社会的机会，共同享有人生出彩的机会，共同享有梦想成真的机会，保证人民平等参与、平等发展权利，维护社会公平

① 习近平：《在庆祝中国共产党成立100周年大会上的讲话》，人民出版社2021年版，第3页。

正义，使发展成果更多更公平惠及全体人民，朝着共同富裕方向稳步前进”[①]。可见，在中华民族伟大复兴中国梦的大背景下，社会层面实现共同富裕成了题中应有之义。

消除贫困与全面建成小康社会构成了实现共同富裕的历史基础。党的十八大以来，以习近平同志为核心的党中央将解决贫困问题摆在了优先突出的位置，通过坚决打赢脱贫攻坚战，“现行标准下9899万农村贫困人口全部脱贫，832个贫困县全部摘帽，12.8万个贫困村全部出列，区域性整体贫困得到解决，完成了消除绝对贫困的艰巨任务，创造了又一个彪炳史册的人间奇迹！”[②]在全面脱贫攻坚完成的基础上，“我们实现了第一个百年奋斗目标，在中华大地上全面建成了小康社会，历史性地解决了绝对贫困问题”[③]。脱贫攻坚战取得的决定性成就，实现了绝对贫困的消除，使得我们站在了实现全面建成小康社会的新的历史起点上。在此意义上，习近平总书记指出：“脱贫攻坚战的全面胜利，标志着我们党在团结带领人民创造美好生活、实现共同富裕的道路上迈出了坚实的一大步。”[④]实现共同富裕是一个过程，消除贫困乃至改善民生都是循序渐进实现共同富裕的重要基础。

---

①《习近平在中法建交五十周年纪念大会上的讲话》,《人民日报》2014年3月29日。

② 习近平:《在全国脱贫攻坚总结表彰大会上的讲话》，人民出版社2021年版，第1页。

③ 习近平:《在庆祝中国共产党成立100周年大会上的讲话》，人民出版社2021年版，第2页。

④ 习近平:《在全国脱贫攻坚总结表彰大会上的讲话》，人民出版社2021年版，第20页。

开启全面建设社会主义现代化国家新征程明确了推动共同富裕的时代背景。在中国共产党的带领下，经过几十年的不懈奋斗，中国的经济现代化建设取得了重要成就，为中国现代化的事业发展奠定了坚实基础。在此背景下，习近平总书记在党的十九届五中全会上提出，开启全面建设社会主义现代化国家新征程、向第二个百年奋斗目标进军的新发展阶段；明确了“十四五”发展目标和2035年远景目标。其中，以习近平同志为核心的党中央特别强调了缩小发展差距、促进共同富裕等方面内容的重要意义，将人民生活更加美好、人的全面发展、全体人民共同富裕取得更为明显的实质性进展，作为到2035年基本实现社会主义现代化远景目标的重要内涵。由此，现代化建设的新阶段构成了推动共同富裕的重要历史背景。

二、理论逻辑：马克思主义理论的当代发展与创新

习近平总书记关于共同富裕的重要论述内含着深邃的理论思维、镌刻着系统的理论逻辑、蕴藏着科学的理论方法，既是对马克思主义共同富裕理论的当代发展，也是对马克思主义政治经济学的开拓创新，还是对科学社会主义理论的创造性发展。

从马克思主义哲学而言，习近平总书记关于共同富裕的重要论述是对唯物史观的继承拓展。马克思主义唯物史观以生产力与生产关系的矛盾运动揭示了人类社会发展规律，坚持认为人民群众是历史的创造者，强调现实的人及其活动是社会历史存在和

发展的前提，突出了人的实践劳动对于历史形成和发展的基础性作用。基于唯物史观的重要观点，习近平总书记突出强调了以高质量发展为主题的生产力运动以及基于生产关系的基本经济制度二者对于实现共同富裕的重要作用，坚持从生产力与生产关系的辩证关系角度揭示促进共同富裕的实践路径。习近平总书记在党的十八届五中全会强调：“我们必须坚持发展为了人民、发展依靠人民、发展成果由人民共享，作出更有效的制度安排，使全体人民朝着共同富裕方向稳步前进，绝不能出现‘富者累巨万，而贫者食糟糠’的现象。”[①]始终从广大人民群众角度阐释历史发展方向，正是对唯物史观的重要坚持，也是对唯物史观的当代拓展创新。

从马克思主义政治经济学而言，习近平总书记关于共同富裕的重要论述是对政治经济学原理的自觉运用。马克思以政治经济学批判，特别是用剩余价值理论、资本积累理论揭示了资本主义社会下两极分化的成因，指出资本主义私有制下的生产必然导致剩余价值被无偿占有的事实。马克思还从未来社会经济建设的基本原则出发，分析了基于公有制下生产的转变，提出在理想的社会主义和共产主义社会中，“社会生产力的发展将如此迅速……生产将以所有的人富裕为目的”[②]。由此，从生产方式的发展演变出发考察社会历史发展成为马克思主义政治经济学的一般原理。

①《十八大以来重要文献选编》(中)，中央文献出版社2016年版，第827页。

②《马克思恩格斯全集》第46卷(下)，人民出版社1980年版，第222页。

正是基于对政治经济学原理的充分把握，习近平总书记注意到了“新一轮科技革命和产业变革有力推动了经济发展，也对就业和收入分配带来深刻影响，包括一些负面影响，需要有效应对和解决”[①]的重要问题。习近平总书记还从马克思主义政治经济学创新发展的视角注意到，“实现共同富裕不仅是经济问题，而且是关系党的执政基础的重大政治问题”[②]。可见，习近平总书记认识到了共同富裕不仅是经济问题，更是政治经济相结合的重大问题，并将推动共同富裕置于社会发展与经济建设的重要位置。

从科学社会主义理论而言，习近平总书记关于共同富裕的重要论述实现了社会主义本质论的重大创新。从马克思主义中国化发展历程角度而言，邓小平在1992年南方谈话中系统概括了社会主义的本质，指出“社会主义的本质，是解放生产力，发展生产力，消灭剥削，消除两极分化，最终达到共同富裕”[③]。在此基础上，习近平总书记从“本质要求”的角度阐释了社会主义本质论，在党的十八大之后提出：“消除贫困、改善民生、实现共同富裕，是社会主义的本质要求。”[④]在《关于〈中共中央关于制定国民经济和社会发展第十四个五年规划和二〇三五年远景目标的建议〉的

① 习近平：《扎实推动共同富裕》，《求是》2021年第20期。

②《习近平在省部级主要领导干部学习贯彻党的十九届五中全会精神专题研讨班开班式上发表重要讲话强调 深入学习坚决贯彻党的十九届五中全会精神 确保全面建设社会主义现代化国家开好局》，《人民日报》2021年1月12日。

③《邓小平文选》第3卷，人民出版社1993年版，第373页。

④《习近平谈治国理政》第1卷，外文出版社2018年版，第189页。

说明》中，习近平总书记进一步提出了本质要求的实践含义，明确了社会主义经济社会发展与共同富裕的关系，指出："共同富裕是社会主义的本质要求，是人民群众的共同期盼。我们推动经济社会发展，归根结底是要实现全体人民共同富裕。"[①]从社会主义本质到社会主义本质要求，习近平总书记通过科学社会主义理论的创新，明确了新时代共同富裕与社会主义的重要关系。

三、实践逻辑：新时代发展阶段的深刻洞察

习近平总书记关于共同富裕的重要论述作为创新理论，归根结底来源于实践，是对社会主义建设伟大实践的充分把握，特别是根据新时代新发展阶段的实践新要求，作出的重要理论阐释。

对我国社会主要矛盾转化的深刻把握。社会主要矛盾是我们党和国家制定政策、作出决策的根本依据，正确判断和处理社会主要矛盾是一切工作和任务的出发前提。党的十九大在对我国发展新的历史方位作出正确判断的基础上，明确提出了"我国社会主要矛盾已经转化为人民日益增长的美好生活需要和不平衡不充分的发展之间的矛盾"[②]。发展的不平衡不充分正是对新时代经济社会的最大概括。基于这一重要判断，习近平总书记明确指出了："解决发展不平衡不充分问题、缩小城乡区域发展差距、实

①《中共中央关于制定国民经济和社会发展第十四个五年规划和二〇三五年远景目标的建议》，人民出版社2020年版，第54页。

②《中国共产党第十九次全国代表大会文件汇编》，人民出版社2017年版，第9页。

现人的全面发展和全体人民共同富裕仍然任重道远。”[①]发展不平衡不充分的问题实际表现为城乡区域发展和收入分配差距较大。从城乡区域发展来看，2020年城镇居民人均可支配收入为43834元，农村居民人均可支配收入为17131元，城乡居民人均收入比值为2.56，比2019年缩小0.08。[②]虽然我国城乡居民人均收入比2010年翻一番的目标如期实现，但是仍然存在着收入差距较大等问题。从收入分配差距来看，按全国居民五等份收入分组，低收入组人均可支配收入为7869元，中间偏下收入组人均可支配收入为16443元，中间收入组人均可支配收入为26249元，中间偏上收入组人均可支配收入为41172元，高收入组人均可支配收入为80294元。[③]据国家统计局公布的数据，我国的基尼系数一直都处于0.4至0.5之间，分配差距仍然客观存在。

对新时代经济高质量发展必然要求的科学回应。中国特色社会主义进入新时代，经济社会发展在取得一系列重大成就时产生了新的要求和新的矛盾。一方面，我国经济发展进入新常态，推动高质量发展与共同富裕密切联系。经济高质量发展，首次提出于党的十九大报告中，是关于我国经济社会发展阶段的重大判

① 习近平：《在全国脱贫攻坚总结表彰大会上的讲话》，人民出版社2021年版，第20页。

②《国家统计局发布我国2020年国民经济和社会发展统计公报》，国家统计局网站，http：//www.stats.gov.cn/tjsj/zxfb/202102/t20210227_1814154.html.

③《国家统计局发布我国2020年国民经济和社会发展统计公报》，国家统计局网站，http：//www.stats.gov.cn/tjsj/zxfb/202102/t20210227_1814154.html.

断。经济高质量发展的重要内涵之一便是共创共享，发展过程与成果人民共享。这是因为，经济高质量发展的关键在于人，在于高素质劳动者。习近平总书记指出："高质量发展需要高素质劳动者，只有促进共同富裕，提高城乡居民收入，提升人力资本，才能提高全要素生产率，夯实高质量发展的动力基础。"[①]应把实现好、维护好、发展好最广大人民根本利益作为发展的出发点和落脚点；同时，经济高质量发展的成果全民共享，不断增进民生福祉，必然要求在高质量发展中扎实推动共同富裕，构建公平有序的收入分配格局，让全体人民都能充分地享有发展成果。另一方面，市场经济中的垄断和资本无序扩张对经济社会平稳安全发展造成重要影响。随着我国社会主义市场经济的快速发展，产生了既有"平台垄断化"又有"资本金融化"特征的寡头企业，资本形态演化呈现出金融化、平台化、垄断化的趋势。资本的无序发展在宏观层面影响了社会安全和国家安全，在微观层面加剧了劳动力市场中的竞争，减少了劳动者收入，客观上拉大了收入差距。毫无疑问，扎实推动共同富裕正是对资本逻辑的有力回应，深刻体现了中国式现代化的重要特征。

对构建"双循环"新发展格局的重要支撑。推动形成以国内大循环为主体、国内国际双循环相互促进的新发展格局，是习近平总书记自2020年以来反复强调的重点工作。习近平总书记

① 习近平：《扎实推动共同富裕》，《求是》2021年第20期。

指出，“双循环”新发展格局“是根据我国发展阶段、环境、条件变化提出来的，是重塑我国国际合作和竞争新优势的战略抉择”[①]。“双循环”新发展格局构建的重要内核在于国内大循环的形成，即依托强大国内市场，贯通生产、分配、流通、消费各环节，形成供给与需求的动态平衡。从生产供给而言，我国已具备世界上最完整、规模最大的工业供应体系，具有强大的供应链、产业链基础。从消费需求而言，共同富裕与消费需求密切联系。具体而言，推动共同富裕有助于提高居民收入水平，改善收入分配结构，优化收入分配格局，扩大中等收入群体，从而持续释放消费潜力，扩大消费总量，促进消费升级，形成需求牵引供给的良好局面，为“双循环”新发展格局提供重要支撑。

四、价值逻辑：人民立场的自觉遵循

习近平总书记关于共同富裕的重要论述有着深刻的价值指向，贯彻着中国共产党人对初心使命的坚持，体现着对社会公平正义原则的追求。

实现共同富裕是中国共产党初心使命的生动体现。习近平总书记指出：“中国共产党一经诞生，就把为中国人民谋幸福、为中华民族谋复兴确立为自己的初心使命。”[②]为中国人民谋幸福、为中

① 习近平：《在经济社会领域专家座谈会上的讲话》，《人民日报》2020年8月25日。

② 习近平：《在庆祝中国共产党成立100周年大会上的讲话》，人民出版社2021年版，第3页。

华民族谋复兴的初心使命，在新时代体现为实现人民对于美好生活的向往。显然，共同富裕正是人民对美好生活的向往的一部分。基于此，习近平总书记在党的十八大后同中外记者见面会的讲话中强调："我们的责任，就是要团结带领全党全国各族人民，继续解放思想，坚持改革开放，不断解放和发展社会生产力，努力解决群众的生产生活困难，坚定不移走共同富裕的道路。"①初心、使命、责任、担当，以习近平同志为主要代表的中国共产党人，正通过扎实推动共同富裕等行动诠释着这些价值追求。

实现共同富裕是中国共产党对公平正义原则的全面贯彻。中国共产党带领全国各族人民建立的中国特色社会主义，内在要求实现社会的公平正义，特别是以制度建设保障社会公平正义、建立社会公平保障体系。习近平总书记关于共同富裕的重要论述，强调通过共享发展普惠民生的方式贯彻新发展理念，"使发展成果更多更公平惠及全体人民，朝着共同富裕方向稳步前进"②，深切体现了对社会公平正义的追求。

第三节　扎实推动共同富裕的科学内涵

基于对中国式现代化新道路的历史生成过程的研究，能够更好地理解新时代共同富裕思想的形成逻辑，进而把握扎实推动共

①《习近平谈治国理政》第1卷，外文出版社2018年版，第4页。

②《十八大以来重要文献选编》(上)，中央文献出版社2014年版，第78—79页。

同富裕的科学内涵。由此，在上述历史与理论相结合的重要背景下，可以得出如下科学内涵。

一、从内容而言，共同富裕包含了物质文明、精神文明和生态文明等内容

习近平总书记指出，“我们说的共同富裕是全体人民共同富裕，是人民群众物质生活和精神生活都富裕”[①]。不止于此，习近平总书记还强调，中国特色社会主义“五位一体”的总体布局是，经济建设、政治建设、文化建设、社会建设、生态文明建设一体推进；与此对应的文明，就是物质文明、政治文明、精神文明、社会文明、生态文明共同提升。由此可以得出，社会主义现代化强国的目标正是“富强、民主、文明、和谐、美丽”。概括而言，共同富裕至少凸显了人与物、人与人、人与自然这三个方面内容。

其一，从人与物的关系而言，共同富裕内在包含的物质文明更加丰富。从古代中国的“大同世界”，到近代西方的“乌托邦”社会，再到马克思和恩格斯设想的“共产主义”社会，都与社会物质财富的丰富联系起来。物质文明，特别是社会财富的丰富构成了实现共同富裕的客观基础。美国社会学家英格尔斯提出了世界现代化的衡量指标，具体包括人均GDP、农业产值占比、非农

① 习近平:《扎实推动共同富裕》,《求是》2021年第20期。

就业占比、服务业占比、城镇化率、大学普及率、平均寿命、成人识字率、医生情况和人口自然增长率等，这些指标都共同指向物质文明更加丰富。由此可见，共同富裕内在要求通过高度发达的生产力，创造出充分的物质财富基础，在物质上实现富足，进而满足在生产之上进行分配的客观要求。

迄今为止，我国已经为共同富裕的实现奠定了重要物质基础。中华人民共和国成立以来，我国进行了积极的社会主义革命和建设探索，为中国式现代化的共同富裕的实现提供了根本的制度前提、奠定了良好的物质基础。改革开放以来，我国国内生产总值年均增速超过9%，国内生产总值占世界生产总值比重超过15%，成为世界第二大经济体、制造业第一大国、货物贸易第一大国、商品消费第二大国、外资流入第二大国，实现了“国富”；2020年我国人均国内生产总值超过1万美元，全国居民人均可支配收入从1978年的171元增长至2020年的32189元，居民财产性收入从无到有、由少变多，2020年财产性收入占人均可支配收入比重达8.7%，人民生活条件不断改善，初步实现了“富起来”。特别是在中国共产党成立100周年的重要时刻，我国脱贫攻坚战取得了全面胜利，完成了消除绝对贫困的艰巨任务，如期完成全面建成小康社会的目标。毫无疑问，由经济发展所创造的物质财富是实现共同富裕的客观基础。那么，在现阶段我们是不是已经实现了充分的发展呢？习近平总书记指出：“发展仍然是我们党执政兴国的第一要务，仍然是带有基础性、根本性的工作。”[①]需要明确的是，我国目前所处的社会主义初级阶段仍需坚持解放和发展生产力，进而为实现共同富裕创造生产力方面的准备和物质基础。

其二，从人与人的关系而言，共同富裕还包括精神文明的更大发展。共同富裕并非简单的物质占有，物质文明更加丰富只是重要的一方面，共同富裕还理应包含精神文明更大发展。马克思、恩格斯早在《德意志意识形态》中便已指出：“思想、观念、意识的生产最初是直接与人们的物质活动，与人们的物质交往，与现实生活的语言交织在一起的。”[②]现实的人，从物质生产、物质生活之处便与精神生产、精神生活联系在了一起。不止于此，马克思还从分工的历程中指出，分工是推动历史发展的主要力量之一，而分工将以精神劳动和物质劳动的分工形式表现出来。在未来社会中，马克思指出在未来社会中将消除“虚假的意识形态”，消弭精神劳动和物质劳动的分裂。由此，马克思主义所追求的“人的自由而全面发展”，理应包含了精神生活的极大丰富。

从物质文明与精神文明的关系来看，习近平总书记强调：“经济发展、物质生活改善并不是全部，人心向背也不仅仅决定于这一点”[③]，指出在经济发展基础上仍然存在着发展的不平衡与

① 习近平：《做焦裕禄式的县委书记》，中央文献出版社2015年版，第35页。

②《马克思恩格斯文集》第1卷，人民出版社2009年版，第524页。

③ 习近平：《做焦裕禄式的县委书记》，中央文献出版社2015年版，第35页。

如何实现共同富裕、实现什么样的共同富裕的问题。在此意义上，习近平总书记突出了精神富裕对于共同富裕的重要意义，指出要“促进人民精神生活共同富裕”，强调“促进共同富裕与促进人的全面发展是高度统一的”[①]，指出共同富裕“是人民群众物质生活和精神生活都富裕”[②]。物质文明是精神文明的基础，有了一定程度的物质文明，才有可能达到一定程度的精神文明。中国古代先哲们就提到“仓廪实而知礼节”，“衣食足而知荣辱”。历史发展到今天，我们越来越多地感受到，仅仅有物质文明的进步是不够的，还需要有精神文明的发展。同时，这两者是一个同步互相促进的关系，精神文明要与物质文明同步，两者之间要相互协调。不论是物质文明发展滞后于精神文明发展，还是精神文明发展滞后于物质文明发展，都不是真正意义上的共同富裕。

其三，共同富裕理应包括生态文明的渐进发展。习近平总书记一直十分重视生态环境保护，党的十八大以来多次就生态文明建设作出重要指示，在不同场合反复强调，“绿水青山就是金山银山”。这一科学论断阐明了经济与生态的辩证统一关系，内在蕴含着经济生态化和生态经济化的现实可能性。无论是经济生态化还是生态经济化，都指向了生态文明建设融入经济建设的实践导向。正如习近平总书记指出的那样，“要正确处理经济发展同生态环境保护的关系，牢固树立保护生态环境就是保护生产力、

① 习近平：《扎实推动共同富裕》，《求是》2021年第20期。

② 习近平：《扎实推动共同富裕》，《求是》2021年第20期。

改善生态环境就是发展生产力的理念，更加自觉地推进绿色发展”[①]。由此，在构建实现共同富裕的经济基础，以经济建设为共同富裕奠定客观物质基础的过程中，理应包括生态文明建设。习近平总书记还指出：“良好生态环境是最公平的公共产品，是最普惠的民生福祉。”[②]生态环境不仅有着经济属性，还蕴含着作为公共产品的属性以及在改善民生中的重要作用。可以看出，生态环境是面向全体人民的公共产品，是人民美好生活的一部分；生态文明建设也应是实现共同富裕的重要内涵之一。

二、从主体而言，共同富裕是全体人民人人有份、共同享有

共同富裕的“共同”二字鲜明地指出共同富裕的主体是全体人民，而不是少数人、一部分人甚至多数人。这个“共同”不是什么别的利益共同体，不是哪些利益集团、权势团体、特权阶层，而是在党的领导下为中国特色社会主义伟大事业努力奋斗的最广大人民群众。习近平总书记在庆祝中国共产党成立100周年大会上的讲话中铿锵有力地指出：“江山就是人民、人民就是江山……任何想把中国共产党同中国人民分割开来、对立起来的企图，都是绝不会得逞的。”[③]少数人的富裕、一部分人的富裕甚至

①《习近平关于全面深化改革论述摘编》，中央文献出版社2014年版，第107页。

②《习近平关于全面建成小康社会论述摘编》，中央文献出版社2016年版，第163页。

③ 习近平：《在庆祝中国共产党成立100周年大会上的讲话》，人民出版社2021年版，第11—12页。

多数人的富裕，都不意味着共同富裕，都与共同富裕有差距，甚至有根本的不同。总体富裕、平均富裕也不是真正的、彻底的共同富裕，总体之下、平均之中，也存在两极分化的可能。共同富裕绝不意味着绝对平均的无差别富裕，共同富裕的本质在于不断追求和无限接近差别有序的全体人民的普遍富裕。中国特色社会主义的内在本质、中国共产党的初心和使命决定了党领导人民所追求和探索的社会主义共同富裕，是惠及所有人的“全民共富”，是发展福利的全国整体增进，是发展成果的全民普遍共享。此外，习近平总书记格外关心农村农民的共同富裕问题，指出“要充分尊重广大农民意愿，调动广大农民积极性、主动性、创造性，把广大农民对美好生活的向往化为推动乡村振兴的动力，把维护广大农民根本利益、促进广大农民共同富裕作为出发点和落脚点”[①]，同时也以高站位看到了“促进共同富裕，最艰巨最繁重的任务仍然在农村”[②]的现实问题。

三、从程度而言，共同富裕承认着合理的差异

共同富裕指的是贫富分化差距较小，这并不意味着不存在任何差距，共同富裕绝不是搞“同等化”“平均主义”，不同地区富裕程度还会存在一定差异，不同人群富裕程度也会有高有低。在

① 《习近平李克强王沪宁赵乐际韩正分别参加全国人大会议一些代表团审议》，《人民日报》2018年3月9日。

② 习近平：《扎实推动共同富裕》，《求是》2021年第20期。

历史上，共同富裕带有不同程度的同等化、平均主义倾向，中国古代思想家对共同富裕提出了诸多思想，如孔子的“不患寡而患不均”，韩非子的“论其税赋以均贫富”，历代农民起义也喊出了类似共同富裕的口号，如“等贵贱、均贫富”，这些思想和实践都带有一定程度的平均主义色彩。新民主主义革命时期，“打土豪、分田地”的土地革命是共同富裕思想的典型代表，战争期间的供给制也带有平均主义的特点。从中华人民共和国成立到改革开放前，由于受到长期的“等贵贱、均贫富”思想影响，叠加意识形态束缚和发展经验不足，我国对共同富裕的认识同样具有平均主义色彩，城市地区取消计件工资和奖金，农村地区实行农业合作化运动等，在当时的历史条件下实际上是忽视了经济规律，影响了中国式现代化的发展进程和共同富裕的实现进程。改革开放以后，我国对共同富裕的认识越来越科学，不再将共同富裕视为同等富裕，而是允许贫富分化差距存在，这也是促进效率的一个重要方式。

我国当下社会仍然存在着城乡差距、区域差距、收入差距等客观差距，同时存在着个体差异、家庭差异等特殊性问题。在此背景下，习近平总书记指出：“我们要实现14亿人共同富裕，必须脚踏实地、久久为功，不是所有人都同时富裕，也不是所有地区同时达到一个富裕水准，不同人群不仅实现富裕的程度有高有低，时间上也会有先有后，不同地区富裕程度还会存在一定差异，不可能齐头并进。”[①]习近平总书记明确了，共同富裕并非整齐划一，而是在一定富裕水准上达到的有差异的富裕。当然，贫富差距必须要在一个可控、可接受的范围之内，以表现收入分配差距的基尼系数为例，2019年我国基尼系数为0.465，属于收入差距过大，共同富裕的目标不在于将基尼系数降至0，而是将其控制在0.2～0.4这一相对合理的区间。

四、从性质而言，共同富裕追求的是公平正义

公平正义是人类文明的重要尺度，也是社会主义共同富裕的基本遵循。没有公平正义，人类将失去光明，共同富裕则难以实现。习近平总书记指出：“公平正义是中国特色社会主义的内在要求……共同富裕是中国特色社会主义的根本原则，所以必须使发展成果更多更公平惠及全体人民，朝着共同富裕的方向稳步前进。”[②]由此明确了公平正义与共同富裕的内在关联性，凸显了在推动共同富裕过程中公平正义的重要性。同时，习近平总书记也注意到了，“我国现阶段存在的有违公平正义的现象，许多是发展中的问题，是能够通过不断发展，通过制度安排、法律规范、政策支持加以解决的”[③]。

那么，何谓公平正义？现代意义上的公平正义，是人与人之

① 习近平：《扎实推动共同富裕》，《求是》2021年第20期。

②《十八大以来重要文献选编》（上），中央文献出版社2014年版，第78—79页。

③《习近平谈治国理政》第1卷，外文出版社2018年版，第96页。

间社会关系的一种状态，包括权利公平、机会公平、过程公平和结果公平。在推动共同富裕进程中如何体现公平正义？在此意义上，习近平总书记明确了公平正义的内在要求，指出“我们的方向就是让每个人获得发展自我和奉献社会的机会，共同享有人生出彩的机会，共同享有梦想成真的机会，保证人民平等参与、平等发展权利，维护社会公平正义，使发展成果更多更公平惠及全体人民，朝着共同富裕方向稳步前进”①。可以看出，习近平总书记强调的社会公平正义正是为每个人提供自我提升、平等参与、共享发展的条件，实际上突出了社会意义上的机会平等对于每个人的重要性。在追求共同富裕的公平正义维度时，习近平总书记强调：“我们要随时随刻倾听人民呼声、回应人民期待，保证人民平等参与、平等发展权利，维护社会公平正义，在学有所教、劳有所得、病有所医、老有所养、住有所居上持续取得新进展，不断实现好、维护好、发展好最广大人民根本利益，使发展成果更多更公平惠及全体人民，在经济社会不断发展的基础上，朝着共同富裕方向稳步前进。”②由此，抽象的公平正义在社会落实过程中便转化为了客观的民生要求，即从教育、养老、医疗、社保、住房等切实民生领域入手不断取得实实在在的成果，不断提升人民群众的获得感。同时，推动公平正义，能够有效“防止社

①《习近平在中法建交五十周年纪念大会上的讲话》，《人民日报》2014年3月29日。

② 习近平：《在第十二届全国人民代表大会第一次会议上的讲话》，人民出版社2013年版，第6页。

会阶层固化，畅通向上流动通道，给更多人创造致富机会，形成人人参与的发展环境，避免‘内卷’、‘躺平’”[①]。

五、从实现方式而言，共同富裕依靠共同奋斗与制度安排

一方面，实现共同富裕依靠共同奋斗。唯物史观揭示，现实的人是历史的“出发点”。人的劳动作为一般性的活动存在于一切社会之中，而人类正是通过生产劳动创造了物质财富，形成了人类历史。可以看出，通过物质生产、人的劳动创造的物质财富是任何社会进行分配的物质前提，这是因为分配关系就其本质而言完全决定于生产的结构，即生产对于分配具有决定性作用。从现实来看，为了缓解资产阶级和无产阶级的矛盾，部分西方资本主义国家建立了高福利制度。高福利制度虽然在一定程度上提升了社会成员的保障水平，掩盖了资产阶级对无产阶级的剥削，消解了工人阶级的凝聚力，但是经过数年的运作引发了“高福利陷阱”，表现为一方面政府无法承担远超财政能力的福利支出，债务赤字严重；另一方面高福利制度下的“养懒汉”现象频发。不仅如此，高福利制度还破坏了市场配置资源的效率，困扰和拖累了经济社会发展，福利刚性正在成为福利国家的“阿喀琉斯之踵”。由此，正如习近平总书记指出的那样，应该强调每个

① 习近平：《扎实推动共同富裕》，《求是》2021年第20期。

人劳动的重要性，认为“我们要团结带领全体人民，以自己的辛勤劳动和不懈努力，不断保障和改善民生，让改革发展成果更多更公平惠及全体人民，朝着实现全体人民共同富裕的目标稳步迈进”[①]。换言之，中国式现代化的共同富裕“不养懒汉”，是干出来的、奋斗出来的，依赖于每个人的劳动，鼓励勤劳创新致富。习近平总书记总结道，“幸福生活都是奋斗出来的，共同富裕要靠勤劳智慧来创造”[②]，由此明确了实现共同富裕必须依靠奋斗，依靠每个人的奋斗，依靠每个人的辛勤劳动。

另一方面，在共同奋斗基础上，共同富裕的实现依赖制度安排。资本主义以生产资料私人占有制为特点，资产阶级处于剥削地位，无产阶级处于被剥削地位，二者在阶级属性上有着天然的矛盾。资产阶级凭借着对生产资料的私人占有，实现了对无产阶级剩余价值的无偿占有，并以资本积累实现在量上和质上的扩大，最终导致资产阶级和无产阶级走向两极分化。中华人民共和国成立后，社会主义制度的建立，特别是通过社会主义改造确立的公有制经济制度，为实现共同富裕奠定了根本的制度前提。改革开放后，在党领导全国各族人民的持续探索下，社会主义基本经济制度确立起来并逐渐完善。党的十九届四中全会创造性地将我国的基本经济制度概括为：“公有制为主体、多种所有制经济

① 习近平：《在纪念红军长征胜利80周年大会上的讲话》，人民出版社2016年版，第15页。

② 习近平：《扎实推动共同富裕》，《求是》2021年第20期。

共同发展，按劳分配为主体、多种分配方式并存，社会主义市场经济体制”[①]。由此，实现共同富裕必须以基本经济制度为依托，必须从社会主义初级阶段的基本国情和发展实际出发，不断完善社会主义基本经济制度，坚持“两个毫不动摇”。不仅如此，政府在推动共同富裕方面理应发挥重要作用，即在社会主义市场经济条件下，政府具有弥补市场失灵的重要作用。具体而言，政府在推动共同富裕方面发挥作用的方式正是通过构建制度安排，即通过构建初次分配、再分配、三次分配协调配套的基础性制度安排，以此更好地鼓励和引导先富群体、先富地区带动后富群体、后富地区共同发展，正确处理效率和公平的关系。

六、从进程而言，共同富裕是在动态发展中分阶段实现

由于各地区的地理位置、资源禀赋等外在条件，以及各主体的能力禀赋、努力程度等内在条件都存在差异，在实现共同富裕的过程中不可能确保所有地区、所有主体都能同步实现富裕。换言之，共同富裕不是“齐步走”的同时富裕，时间上会有先有后，具有非同步性。历史经验教训表明，如果一味追求同时同步同等富裕，客观上将扼杀人的主观能动性，不利于激发人的劳动积极性。正因如此，“让一部分人、一部分地区先富裕起来”，充分激发广大人民群众的积极性和创造性，并通过先富裕起来的人和地

①《中共中央关于坚持和完善中国特色社会主义制度　推进国家治理体系和治理能力现代化若干重大问题的决定》，人民出版社2019年版，第18页。

区“带动和帮助落后的地区”，最终实现共同富裕。“先富带后富，从而达到共同富裕”思想对中国式现代化的共同富裕起着指引作用。在现实的实践中，从区域看，我国首先大力发展东部沿海城市，鼓励东部地区快速发展，然后实施西部大开发、促进中部崛起、振兴东北等区域发展战略，鼓励和引导东部地区带动中西部地区、东北地区共同发展；从城乡看，改革开放初期，我国优先发展城市工业，然后逐步打破城乡二元分割，推进以工促农、以城带乡、工农互惠、城乡一体的新型城乡关系，并大力实施乡村振兴战略。从点到线、从线到面、从面到体，共同富裕的非同步性符合事物变化规律，也符合经济社会发展规律。因此，习近平总书记提出实现共同富裕的时间有先有后，同时还对实现过程进行了生动刻画，强调“这是一个在动态中向前发展的过程，要持续推动，不断取得成效”[①]。

设定时间表、谋划实现阶段，是我们党领导现代化建设、取得发展成就的重要法宝。实现共同富裕亦是如此。共同富裕的长期性、艰巨性、复杂性决定了在实现过程中必然要分阶段实现。以习近平同志为核心的党中央提出，“到‘十四五’末，全体人民共同富裕迈出坚实步伐，居民收入和实际消费水平差距逐步缩小。到2035年，全体人民共同富裕取得更为明显的实质性进展，基本公共服务实现均等化。到本世纪中叶，全体人民共同富裕基

① 习近平：《扎实推动共同富裕》，《求是》2021年第20期。

本实现，居民收入和实际消费水平差距缩小到合理区间”[①]。要而言之，党中央高瞻远瞩地提出了实现共同富裕的三个重要节点：“十四五”末、2035年、本世纪中叶，并明确了在不同时间内所要达到的共同富裕的阶段性目标。在此基础上，不能指望在很短的时间内就达到非常理想的状态，需要经过长时间的艰苦努力才有可能把事情办好，不能做超越阶段的事情，要量力而行，不能犯急于求成的毛病，不能脱离正处于并将长期处于社会主义初级阶段的实际情况，不能超越发展水平。同时也要认识到，我国处于社会主义初级阶段并不是说在逐步实现共同富裕方面就无能为力和无所作为，而是要把能做的事情尽量做起来，尽力而为解决面临的实际困难，不断朝着推动全体人民共同富裕的目标前进。由此，实现共同富裕不可能“齐步走”，必然是在阶段性目标基础上呈现出动态发展过程。

第四节　扎实推动共同富裕的重大意义

实现共同富裕是人类社会亘古不变的理想追求，是人类社会发展进步的重要标志。在社会主义制度诞生之前，没有一个社会制度是以实现全体人民共同富裕作为出发点和落脚点的。到了新时代，共同富裕被当作社会主义的本质要求被提出。因此，共同

① 习近平：《扎实推动共同富裕》，《求是》2021年第20期。

富裕对社会主义发展的重要性不言而喻。

扎实推动共同富裕，是巩固我们党执政地位的根本保证，是促进社会和谐的基本前提，是全面建设社会主义现代化国家和实现中华民族伟大复兴中国梦的必由之路，是世界和平发展的重要保障。它在新时代中国特色社会主义建设进程中具有重大的理论、现实和世界意义。

一、扎实推动共同富裕的理论意义

扎实推动共同富裕，继承和发展了马克思关于共同富裕、反贫困思想，同时对新时代中国特色社会主义建设提供了理论指导。

（一）扎实推动共同富裕是对马克思主义关于共同富裕思想的继承和创新

马克思、恩格斯科学地揭示了人类社会发展规律，并以此透视出实现人民共同富裕、实现人类彻底解放的历史必然性。他们关注无产阶级和劳动人民饥寒交迫的命运，用阶级分析的方法解剖资本主义社会，主张无产阶级组织起来消灭资本主义私有制，建立社会主义和共产主义公有制，建设一个生产力高度发达、社会产品极大丰富、全体人民共同富裕、人自由全面发展的美好社会。列宁将消除贫困、实现共同富裕看作事关苏维埃政权生死存亡的根本问题。列宁对经济文化相对落后的社会主义国家如何建设社会主义、实现共同富裕进行了艰辛的探索，留下了珍贵的理论成果和实践贡献。马克思主义经典作家关于共同富裕的思想充满着对全人类的关怀，在人类历史发展中闪耀着真理和道义的光辉，为中国实现共同富裕提供了科学的立场、观点和方法。

中国共产党在实践基础上不断赋予马克思主义以新的时代内涵，持续推动马克思主义关于共同富裕思想的中国化、时代化、大众化，形成了中国特色共同富裕思想的理论体系和实践道路。党的十八大以来，习近平总书记统筹“两个大局”，在实践的基础上阐发了一系列关于共同富裕的重要论述。这些重要论述与马克思主义关于共同富裕的思想既一脉相承又与时俱进，是马克思主义关于共同富裕思想在新时代的继承和创新。这些重要论述紧扣历史大势、时代脉搏和社会主义本质要求，对共同富裕的基本原则、本质规定、目标定位、战略步骤、实现路径等问题进行了系统阐释和科学回答，对指导新的历史阶段扎实推动共同富裕具有重要的理论意义。

（二）扎实推动共同富裕为新时代中国特色社会主义建设提供了理论指导

习近平总书记关于共同富裕的重要论述有着丰富的原创性理论观点，为构建中国共产党共同富裕思想体系作出了历史性贡献。一是将共同富裕作为中国式现代化的重要特征，进一步深化了马克思主义对于共同富裕的价值定位；二是深入具体系统地阐述了共同富裕的科学内涵与基本原则，丰富了中国共产党对共同富裕的科学认识，为制定推动共同富裕的政策方针奠定了理论基础；三是制定了更加明确的阶段目标要求和战略部署，完整勾画了实现共同富裕的时间表与路线图；四是在马克思主义经典作家关于实现共同富裕的两大基本原则的基础上，进一步具体阐述了新时代推动共同富裕的方法原则与实践路径，提出了用新发展理念扎实推动共同富裕，并将其作为新发展阶段的指导方针。

（三）扎实推动共同富裕是对国外贫富差距治理理论的有力回应

国外关于治理贫富差距理论往往有两种思路：一种是对贫富差距的形成机制进行实然性研究；另一种是以边沁的“功利主义”、罗尔斯的“正义理论”、社群主义等抽象和空想的理论假定作为前提，进而对共同富裕作出所谓的规范性研究。尽管这些治理思想中具有某些合理的因素，然而大多是“学院式”研究。要么以空洞概念与抽象范畴论证共同富裕的应然性，但缺乏切实可行的实践手段；要么建立起一套空中楼阁的美好设想，但却没有实现的可能性；要么只关注其形成机制，但缺乏有效的治理办法；要么只是从分配领域入手，而没有涉及更为根本的所有制问题。所有这些问题均反映了国外治理思想固有的局限，究其根本原因，在于它本质上仍属于资本主义思想体系，难以突破其政治立场的局限与阶级利益的藩篱，因此也难以真正解决共同富裕这一世界性难题。

相对于国外贫富差距治理理论，习近平总书记关于共同富裕的重要论述，在方法论上，从现实出发，提出了切实可行的实践举措，并在现实中取得了切切实实的巨大成就，大大弥补了国外贫富差距治理理论中实践效用不足的问题；在内容上，从经济、政治、文化、社会和生态几方面，多层次、全方位地阐释共同富裕的丰富内涵，极大地超越了国外对于贫富差距治理只局限于经济分配问题的简单化、片面化理解；在价值上，基于科学社会主义的基本原则，从人类社会未来发展的制高点阐释共同富裕问题，从根本上回答了共同富裕的实现何以可能与如何实现的关键问题。这是国外贫富差距治理理论所无法触及的理论瓶颈，充分显示出在新时代扎实推动共同富裕的科学性、真理性、时代性、开放性、人民性、实践性的理论特色，彰显了马克思主义中国化理论的显著优势。

二、扎实推动共同富裕的现实意义

扎实推动共同富裕的过程，既体现了中国共产党以人民为中心的发展思想，又展现出中国式现代化的重要特征；既是建设社会主义现代化国家的重要目标，又是实现中华民族伟大复兴中国梦的必然要求。因此，具有很强的现实指导意义。

（一）扎实推动共同富裕是中国共产党的初心要义

中国共产党是一个典型的马克思主义使命型政党。围绕初心和使命，中国共产党带领人民为消除贫困、改善民生、逐步实现共同富裕而不懈奋斗。毛泽东在中华人民共和国成立之初就提出了我国发展富强的目标，指出“这个富，是共同的富，这个强，是共同的强，大家都有份”[①]。邓小平多次强调共同富裕，指出“社会主义不是少数人富起来、大多数人穷，不是那个样子。社会主义最大的优越性就是共同富裕，这是体现社会主义本质的一个东西”[②]。江泽民强调：“实现共同富裕是社会主义的根本原则和本质特征，绝不能动摇。”[③]胡锦涛也明确提出要“使全体人民共享改革发展成果，使全体人民朝着共同富裕的方向稳步前进”[④]。党的十八大以来，习近平总书记坚持以人民为中心，就实现共同富裕作出一系列重要论述，提出“我们追求的发展是造福人民的发展，我们追求的富裕是全体人民共同富裕”[⑤]，强调要“让发展成果更多更公平惠及全体人民，不断促进人的全面发展，朝着实现全体人民共同富裕不断迈进”[⑥]。因此，扎实推动共同富裕体现了中国共产党的初心要义，诠释了中国共产党以人民为中心的发展思想。

（二）扎实推动共同富裕是全面建设社会主义现代化国家的重要目标

即将开启的新征程是从全面小康到共同富裕的征程。我们党在20世纪后20年通过扶贫攻坚解决了贫困人口温饱问题，在21

①《毛泽东文集》第6卷，人民出版社1999年版，第495页。

②《邓小平文选》第3卷，人民出版社1993年版，第364页。

③《江泽民文选》第1卷，人民出版社2006年版，第466页。

④《胡锦涛文选》第2卷，人民出版社2016年版，第291页。

⑤《习近平关于社会主义社会建设论述摘编》，中央文献出版社2017年版，第35页。

⑥《习近平在纪念马克思诞辰200周年大会上的讲话》，《人民日报》2018年5月5日。

世纪前20年通过精准扶贫、脱贫攻坚解决了全面建成小康社会问题。新发展阶段，我们党再次作出科学研判，及时指出："促进全体人民共同富裕是一项长期任务"[①]，"我们必须把促进全体人民共同富裕摆在更加重要的位置，脚踏实地，久久为功，向着这个目标更加积极有为地进行努力"[②]。扎实推动共同富裕，就是要把人民的美好生活需要融入全面建设社会主义现代化国家的全部过程和各个方面，实现全面提高社会发展水平与全面提高人民生活水平相统一；扎实推动共同富裕，就是把人民的美好生活需要融入推进国家治理体系和治理能力现代化的实践中，不断完善各项体制机制，提升治理效能，提高人民的生活品质，让全体人民过上更有尊严的生活。

（三）扎实推动共同富裕是实现中华民族伟大复兴中国梦的必然要求

实现中华民族伟大复兴，是中华民族近代以来最伟大的梦想，是以习近平同志为核心的党中央提出的重大战略思想，是党和国家面向未来的政治宣言。中国梦，从国家层面看，是强国梦；从民族层面看，是民族复兴梦；从人民层面看，是每个中国人的梦。"中国梦归根到底是人民的梦，必须紧紧依靠人民

①《完整准确全面贯彻新发展理念　确保"十四五"时期我国发展开好局起好步》，《人民日报》2021年1月30日。

② 习近平：《关于〈中共中央关于制定国民经济和社会发展第十四个五年规划和二〇三五年远景目标的建议〉的说明》，《人民日报》2020年11月4日。

来实现，必须不断为人民造福。”[①]实现第二个百年奋斗目标需要分两个阶段推进，即到2035年基本实现社会主义现代化，到那时，人民生活更为宽裕，中等收入群体比例明显提高，全体人民共同富裕迈出坚实步伐；到本世纪中叶，把我国建成富强民主文明和谐美丽的社会主义现代化强国，到那时，全体人民共同富裕基本实现，我国人民将享有更加幸福安康的生活。可见，扎实推动共同富裕，是实现中华民族伟大复兴中国梦的主要内容和评价标尺。

三、扎实推动共同富裕的世界意义

中国特色社会主义进入新时代，党中央带领人民坚定贯彻新发展理念，推进供给侧结构性改革，建设现代化的经济体系，扎实推动共同富裕，加强资源节约与环境保护、注重效率与公平、统筹发展与安全等问题，使我国经济发展的平衡性、协调性、可持续性明显增强，逐渐走上了更高质量、更有效率、更加公平、更可持续、更为安全的发展之路。这样鼓舞人心的成就是在世界形势动荡复杂、地缘政治挑战风高浪急、中美经贸博弈加剧、新冠肺炎疫情突如其来的大背景下取得的，所以，扎实推动共同富裕也给世界带来了积极意义。

（一）扎实推动共同富裕为世界解决贫困问题提供了中国方案

我们坚持以人民为中心的发展，打赢脱贫攻坚战，扎实推动

①《习近平谈治国理政》，外文出版社2014年版，第40页。

共同富裕，努力推动更加公平的发展，使得脱贫攻坚取得历史性成就。党带领人民历史性地摆脱了绝对贫困问题，从此迈入全面小康社会；我们统筹疫情防控与经济社会发展。面对突如其来的新冠肺炎疫情，党中央果断决策、沉着应对，坚持人民至上、生命至上，提出坚定信心、同舟共济、科学防治、精准施策的总要求，开展抗击疫情人民战争、总体战、阻击战。经过艰苦努力，我国在全球率先控制住疫情，率先复工复产，恢复经济社会发展，保持了经济的总体稳定。我们民生改善取得突破性进展。实施就业优先政策，2013—2019年全国城镇新增就业连续7年超过1300万人，2020年面对疫情冲击，仍新增就业1186万人，保持就业大局稳定；促进教育公平，推进义务教育均衡发展，规范校外培训机构，积极发展职业教育，推动高等教育内涵式发展，教育普及率水平稳居世界中上国家行列。努力建成覆盖全民、城乡统筹、权责清晰、保障适度、可持续的多层次社会保障体系，逐渐完善城镇职工基本养老保险和城乡居民基本养老保险制度，10.2亿人拥有基本养老保险，13.6亿人拥有基本医疗保险。实施健康中国战略，努力建成遍及城乡的公共卫生服务系统，加快建设养老和托幼服务体系。坚持房子是用来住的，不是用来炒的定位，加快建立多主体供给、多渠道保障、租购并举的住房制度，加大保障房建设投入力度，累计建设各类保障性住房和棚改安置性住房近5000万套，城乡居民住房条件明显改善。最后，我们不断扎实推动共同富裕取得更为明显的实质进展。不断深化收入分配制度改革，增加城乡居民收入，2020年全国居民人均可支配收入为32189元，比2010年增长1倍，形成了世界上规模最大、成长最快的中等收入群体，总量超过4亿人；收入结构、财富分配格局不断优化，城乡地区差距和收入差距有所缩小，注重推动社会全面进步和人的全面发展，促进社会公平正义，让发展成果更多更公平惠及全体人民。

当前，在世界范围内，贫困问题依然严重，并带有两极分化、收入不均衡等特点，体现在“地区不平衡与贫困的资源依附等方面”[①]。虽然世界的贫困问题与中国的贫困问题具体的表现有所不同，但是就其成因来看，其与中国贫困的情况有一定的相似性。所以，很多学者认为，中国以人民为中心的扶贫观念、精准化的扶贫工作以及全面扶贫的体制机制可以为解决国际贫困问题提供一些可行的思路与方案。在全球化的趋势下，新时代共同富裕思想在世界范围内的优势逐渐显现。

（二）扎实推动共同富裕为破解全球“发展赤字”提供了中国智慧

当今世界正经历百年未有之大变局，新一轮科技革命和产业变革深入发展，国际力量对比深刻调整，虽然和平与发展仍然是时代主题，人类命运共同体理念深入人心，但是人类仍面临着“发展赤字”“治理赤字”等诸多挑战。所谓“发展赤字”，是指

① 涂志明、庞中英：《国际贫困对全球治理的影响》，《学术界》2016年第11期。

逆全球化思潮发酵，收入分配不平等、发展空间不平衡等问题；所谓“治理赤字”，是指难民危机等非传统安全威胁持续蔓延，全球治理体系和多边机制受到冲击。如今，破解国与国之间发展不均衡，解决难民群体问题，促进全球各国以及地区间的均衡发展，是世界各国的共同目标。新时代的共同富裕是基于中国的发展与世界的发展紧密相连的实际展开的伟大实践，其能够突破国别与地域的界限，具有在谋求自身发展的同时推动世界朝着均衡方向发展的范围效应。新时代的共同富裕思想蕴含着深刻的“共商、共建、共享”理念，对于构建新型多边机制与大国关系，化解区域矛盾有着重要的思想意义。

（三）扎实推动共同富裕为世界的繁荣稳定贡献了中国力量

和平与发展作为当今世界的两大主题，两者相互依存、互为因果、相辅相成。只有维护世界和平，才能为全面建设社会主义现代化国家、实现中华民族伟大复兴的中国梦提供一个良好的外部环境。中国合作共赢的发展理念、扎实推动共同富裕的发展道路有利于促进人类共同富裕。中国坚持正确的义利观，积极发展全球伙伴关系，扩大同各国的利益交汇点，欢迎各国搭乘中国发展的便车，倡导构建人类命运共同体，中国的共同富裕之路必将更好地引导世界各国共建共享、共同富裕，为世界的繁荣与稳定贡献自己的力量。

综上，共同富裕经过我们党历代领导人的探索和实践，逐步形成中国特色社会主义共同富裕道路。共同富裕的实现不是一蹴而就的，需要一个长期奋斗的历史过程。新时代共同富裕的内涵和实践路径，具有理论、现实和世界三重意义，因此，把握新时代共同富裕新的特征与表现，有利于中国特色社会主义共同富裕道路继续前行，最终实现共同富裕的目标。

第三章
扎实推动共同富裕的机遇挑战与战略部署

共同富裕作为一项重大的理论和实践命题，不仅是一个基础性的经济问题，也是一个全局性的社会问题，更是一个根本性的政治问题。回顾党的百年奋斗历程，可以清晰地看到中国共产党人为实现共同富裕付出的艰辛探索和取得的卓越成就。站在历史发展的新起点上，共同富裕已经具体化为行动目标、战略部署，尽管会遇到一些挑战，但是只要我们坚信以人民为中心的发展思想，共同富裕就一定能够实现。

第一节　扎实推进共同富裕的挑战与难题

党的十九届六中全会公报明确指出："党的十八大以来，我国经济发展平衡性、协调性、可持续性明显增强，国内生产总值突破百万亿元大关，人均国内生产总值超过一万美元，国家经济实力、科技实力、综合国力跃上新台阶，我国经济迈上更高质量、更有效率、更加公平、更可持续、更为安全的发展之路。”[1]这样鼓舞人心的成就是在世界形势动荡复杂、地缘政治挑战风高浪急、中美经贸博弈加剧、新冠肺炎疫情突如其来的大背景下取得的，来之不易。然而，我们还应看到，在扎实推动共同富裕中，仍然存在一些发展的挑战和问题。

一、在提升经济发展质量中推动共同富裕

从宏观角度看，我们经济发展收敛性不足，发展质量有待提高。我国自20世纪80年代特别是“90年代以来不存在总体人均收入的绝对收敛（β收敛）”[2]，但存在条件收敛或区域收敛，其中宏观发展战略（如中西部经济崛起）、地区间发展策略、人力资本、市场开放程度、劳动力等“要素市场扭曲程度、工业化程度、技术引进情况、历史累积性因果循环等是影响经济收敛水平的关键性因素”[3]。考虑到上述经济收敛的条件是我们评价“高质量发展的重要指标”[4]，这在一定程度上说明我国总体经济的发展质量，特别是落后地区经济发展的质量和可持续性仍有待提高。

随着新时代中国经济进入新常态，正处在从中高速增长向

---

①《中共中央关于党的百年奋斗重大成就和历史经验的决议》，《人民日报》2021年11月17日。

② 魏后凯：《中国地区经济增长及其收敛性》，《中国工业经济》1997年第3期。

③ 林毅夫：《发展战略、自生能力和经济收敛》，《经济学（季刊）》2002年第1期。

④ 刘志彪：《理解高质量发展：基本特征、支撑要素与当前重点问题》，《学术月刊》2018年第7期。

高质量发展的转型时期，习近平总书记始终重视发展生产力的基础性作用，特别强调了经济高质量发展对实现共同富裕的重大意义。实现高质量发展，主要是为了更好满足人民群众日益增长的美好生活需要，是贯彻五大新发展理念的发展。习近平总书记强调：要“提高发展的平衡性、协调性、包容性”，“在高质量发展中促进共同富裕”[①]，明确了共同富裕的实现途径与努力方向，强调要加大对欠发达地区的支持力度，并将东西部扶贫协作和对口支援作为促进区域平衡的重要方式；同时，还强调了虚拟经济与实体经济、大企业与中小企业相协调的发展路径，为促进发展的协调性指明了方向。

二、在提升分配公平与效率中推动共同富裕

我国资源和机会分配不公平的问题仍然突出。税收制度缺乏累进性，对于缩小收入差距的作用有限。尽管个人所得税在一定程度上可以降低间接税的累退性，但我国个人所得税占比小，收入分配效应较弱。同时，在我国个人所得税中，“工资、劳务及个体工商户生产经营所得占比高达70.3%，利息、股息、红利及财产转移所得仅占27.2%，劳动报酬的最高边际税率是45%，而资本所得只有20%的税率”[②]，这在一定程度上导致我国财产性收入差距显著高于工薪、转移支付等收入差距，且对总收入差距的

① 习近平：《扎实推动共同富裕》，《求是》2021年第20期。

② 郁建兴：《畅通双循环，构建新格局》，浙江人民出版社2020年版，第126页。

影响迅速扩大。

为此，习近平总书记指出："正确处理效率和公平的关系，构建初次分配、再分配、三次分配协调配套的基础性制度安排"[①]。"合理调节高收入、扩大中等收入群体是防止两极分化的有效手段"[②]。此外，习近平总书记在中央财经委员会上明确指出，要调节不合理收入，坚决取缔非法收入，并将税收作为其重要手段，强调要进一步研究完善个人所得税、资本所得税和消费税，扎实推动共同富裕。

三、在实现公共服务均等化中推动共同富裕

我国资源和机会分配不公平的问题有待完善，社会保障的水平和效率还有提高的空间。实现公共服务均等化是解决社会公平分配和提升社会保障的重要途径。习近平总书记始终强调公共服务均等化对于实现共同富裕的重要作用，十分注重对教育、医疗、养老等方面的普惠性和兜底性救助体系的完善，始终明确"房子是用来住的，不是用来炒的"定位，强调了住房保障的重要性及其策略。中国各区域发展水平参差不齐，尤其是城乡教育、养老和医疗等公共服务差距大，给各地政府公平提供基本公共服务带来了一定难度。习近平总书记明确指出，要"逐步缩小

---

① 习近平:《扎实推动共同富裕》,《求是》2021年第20期。

② 陆卫明、王子宜:《新时代习近平关于共同富裕的重要论述及其时代价值》,《北京工业大学学报(社会科学版)》2022年第3期。

职工与居民、城市与农村的筹资和保障待遇差距”[①]。坚持缩小城乡民生保障与社会救助的标准差异，加强低收入人群生活保障，深刻体现了维护社会主义公平正义的重要原则。

四、在巩固全面建成小康社会成果中推动共同富裕

就目前而言，我国的社会治理和社会稳定面临潜在挑战。一方面，相对贫困的问题开始凸显，这需要强大的社会力量参与治理，而我国社会组织在参与社会治理过程中还有继续提高的可能。另一方面，民众对绩效的感知和认同正在发生变化。民众仍然关注绝对绩效，也比以前更加关注相对绩效和群体间比较。人们的幸福感在很大程度上取决于自己收入与他人收入的比较，但是只有真正富有的人才可以从收入比较中受益。特别是在新冠肺炎疫情影响下，中国经济增速放缓，正在复苏的背景下，社会有效治理对于提升居民的幸福度扮演着重要的作用。所以，要继续以消灭农村绝对贫困作为实现共同富裕的重要抓手，把农村发展作为实现共同富裕的重点与难点。习近平总书记指出，“促进共同富裕，最艰巨最繁重的任务仍然在农村”[②]，强调了解决“三农”问题的艰巨性与迫切性，指出“坚持把解决好‘三农’问题作为全党工作重中之重”[③]，提出要将巩固脱贫攻坚成果与乡村振兴有

① 习近平：《扎实推动共同富裕》，《求是》2021年第20期。

② 习近平：《扎实推动共同富裕》，《求是》2021年第20期。

③ 习近平：《在全国脱贫攻坚总结表彰大会上的讲话》，《人民日报》2021年2月26日。

效衔接作为推动农民共同富裕的重要方式。在中央财经委员会第十次会议上，习近平总书记又进一步指出要通过加快农村产业化与盘活农业资产以推动农村居民致富。

第二节　扎实推动共同富裕的现实基础

共同富裕的推进，需要现实的发展基础。现实社会只有在具备发展的前提条件下，扎实推动共同富裕才是有可能的。从改革开放40多年的发展经验看，坚持党对经济工作的集中统一领导为扎实推动共同富裕增添了政治保障，中国经济发展取得的辉煌成就，特别是全面建成小康社会取得的历史性进展，为扎实推动共同富裕创造了发展基础。

一、中国共产党对经济工作的集中统一领导为扎实推动共同富裕提供了政治保障

党的十八大以来，习近平总书记多次强调，中国特色社会主义最本质的特征和最大的优势就是坚持中国共产党的领导，中国特色社会主义伟大事业能取得现在这样的辉煌成就，离不开中国共产党的领导。如果没有我们党这100多年来对经济建设的领导，中国经济发展不可能有如此伟大的成就。可以说，只有坚持中国共产党的领导，才能够体现社会主义的本质，才能更顺利地解放和发展生产力，最终实现共同富裕。

（一）坚持中国共产党对经济工作的集中统一领导，为共同富裕提供了政治保障

我们党从长远角度出发，对国家经济发展的重大节点作出判断，对不同经济发展时期的社会主要矛盾有深刻的认识，并立足中国几十年甚至上百年的发展远景，全面统筹协调经济发展的战略方向和整体节奏，发挥了总揽全局、协调各方的作用。通过加强对经济建设的顶层设计，制定国民经济和社会发展的五年发展规划，对扎实推动共同富裕作出了战略部署，又明确推动共同富裕的发展思路、主攻方向，为扎实推动共同富裕提供了政治保障。

（二）坚持中国共产党对经济工作的集中统一领导，为共同富裕创造了发展前提

中国共产党在领导经济发展的实践中，探索形成了有效市场与有为政府相结合的模式，利用好这两个比较优势，坚持和完善社会主义市场经济体制，处理好政府和市场的关系，全面贯彻市场在资源配置中的决定性作用，为扎实推动共同富裕创造了稳定的经济环境和效率。“如何处理好政府和市场的关系是长期以来经济学理论研究的重要命题，也是经济发展中的重大实践命题”①。从国内外经济发展的历史经验来看，仅仅依靠市场的放任自由模式和传统的计划经济模式是行不通的，必须将政府调控和市场配

① 周文、何雨晴：《中国共产党百年初心使命与中国经济发展伟大成就》，《武汉科技大学学报（社会科学版）》2022年第1期。

置有机结合起来，共同作用于经济发展，才能推动经济长期向好、稳中有进。在认识和处理政府与市场的关系时，我们党发挥着至关重要的引领作用：一方面，可以推动政府主动维护市场的有效性、完善市场监管、开展有效市场建设，发挥“看得见的手”的作用；另一方面，可以克服市场的自发性、盲目性、不确定性等弊端，做到既让市场在资源配置中起决定性作用，又能让政府更好地发挥作用。坚持中国共产党对经济工作的集中统一领导，既有利于发挥市场经济的生机与活力，保证经济发展的效率，又能够在面临外部冲击时减小宏观经济的波动，维护宏观经济结构平衡，使市场经济平稳运行，进而为扎实推动共同富裕创造了经济发展的前提。

（三）坚持中国共产党对经济工作的集中统一领导，为共同富裕夯实了制度基础

中国共产党代表最广大人民群众的根本利益，在领导我国经济发展的过程中始终坚持以人民为中心。人民是历史的创造者，中华人民共和国的成立、社会主义建设的成功以及改革开放的成就都离不开广大人民群众的力量，因此我们党始终坚持为中国人民谋幸福、为中华民族谋复兴，确保经济发展成果能够更好地满足人民日益增长的美好生活需要。中国共产党在领导我国经济工作的过程中，首先推翻了“三座大山”，紧接着进行社会主义改造，而后建立起公有制为主的计划经济体制，再到确立“公有制经济为主体、多种所有制经济共同发展”的基本经济制度，都是为了促进生产力发展、保障人民最大限度享有劳动创造的剩余价值。分配方式从具有平均主义倾向的按劳分配发展到“按劳分配为主体、多种分配方式并存”，使发展成果惠及全体人民，最终也是为了更好地解放和发展生产力，保障全体人民朝着共同富裕的方向前进。

二、中国经济发展取得的辉煌成就为扎实推动共同富裕提供物质保障

党的十八大以来，中国经济建设取得的成就让我们有实现共同富裕的经济基础，产业结构的调整让我们有实现共同富裕的空间，未来随着中国经济的高质量发展让我们有实现共同富裕的可能。

（一）中国经济建设取得的成就让我们有实现共同富裕的经济基础

我国经济具备更大发展的实力和更加巩固的物质技术基础。从经济总量看，我国是仅次于美国的世界第二大经济体。“从财政实力看，我国财政收入不断增加，财力的增加对促进经济发展、加强经济和社会中的薄弱环节、切实改善民生、有效应对各种风险的冲击提供了有力的资金保障”[①]。中国共产党经过百年奋斗和改革开放40多年的建设和发展，我国产业体系已经相对完整，基础

① 国家行政学院经济学教研部：《中国经济新方位》，人民出版社2017年版，第89—90页。

设施日益完善，财政金融体系运行稳健，社会资金相对充裕，人力资本相对丰富，具有扎实推动共同富裕的发展条件和经济基础。

（二）中国城乡一体化进程的推进让我们有实现共同富裕的发展空间

我国经济正在转向实现高质量发展的阶段。城镇化和产业结构的转型，让我们具备实现扎实推动共同富裕的发展空间。随着城镇化进程的持续发展，有利于带动国内消费和投资，带动产业结构转型升级，通过资源整合和优化配置、聚集人力资源等，增强创新动力和能力，促进科技进步。城市化伴随的大规模人口迁移，将推动消费持续增长，这将成为我国经济增长的强大推动力，为实现共同富裕创造条件。

当前我国正处在工业化中期阶段，工业化的任务还未完成，除东部部分省、市基本完成工业化外，中部、西部等地区工业化的发展还不是很充分，仍有较大的发展空间。我国已有的技术储备和全球技术在新增长点上的探索为我国产业转型和技术创新提供了机会，为工业化的进一步发展提供了动力，为扎实推动共同富裕提供了动力源。此外，我国信息化、市场化、国际化还处在发展中，很多能量还有待释放，有能力支撑中国经济未来稳健发展，进而为实现共同富裕创造发展空间。

（三）我国经济未来发展的前景让我们有实现共同富裕的现实可能

从未来发展看，我国资金供给充裕，科技和教育整体水平提升，劳动力素质改善，基础设施日益完善，政府宏观调控和应对复杂局面的能力明显提高，社会大局保持稳定，完全有条件、有实力、有可能推动共同富裕取得更为明显的实质进展。在全球化、经济一体化不断加强和国内政策有效发展的前提下，我国构建以国内大循环为主体、国内国际双循环相互促进的新发展格局面临发展大机遇。受金融危机和新冠肺炎疫情的影响，国际之间的经济合作减少，但长远看，各国与中国扩大投融资意愿正在发展、增强，在一些领域放宽了中国的投资限制，而且随着中国科学技术的发展，我们在另一些领域取得相对优势，使我国企业处于较为有利的投资地位，有利于推动国内经济结构加快优化升级，在增加居民收入的同时，扎实推动共同富裕。

三、我国全面建成小康社会的实践为扎实推动共同富裕提供发展前提

全面建成小康社会，是我们党向人民、向历史作出的庄严承诺，是全国人民的共同期盼。正值中国共产党成立100周年之际，我们完成了这个宏伟目标，正朝着全面建成社会主义现代化强国迈进。全面建成小康社会，为扎实推动共同富裕提供了发展前提。

（一）我国脱贫攻坚取得的成就为扎实推动共同富裕提供了社会保障

当前，我国已完成脱贫攻坚目标任务，现行标准下农村贫困人口全部脱贫、贫困县全部摘帽、贫困村全部出列。这是中华民

族实现共同富裕伟大征程上的一座重要里程碑，为新发展阶段推动共同富裕奠定了坚实基础。

单从减贫目标来看，中国解决了消除绝对贫困和区域性整体贫困的目标任务，这意味着在全体人民实现共同富裕征程中出现了阶段性质变。但是，脱贫攻坚只是消除了绝对贫困，解决相对贫困问题，实现共同富裕质的飞跃，还有很长的路要走。新时代扎实推动共同富裕，依然“要切实做好巩固拓展脱贫攻坚成果同乡村振兴有效衔接各项工作，对易返贫致贫人口要加强监测，对脱贫县要扶上马送一程，做到早发现、早干预、早帮扶”[①]。总的来说，脱贫攻坚，在增加城乡居民收入的同时，解放了农村劳动力，也发展了农村生产力，使农村地区有了“造血”能力，补齐了农村地区发展短板，夯实了扎实推动共同富裕的群众基础和社会保障。

从我国扶贫的发展历程来看，“新中国成立后经历了从因发展相对滞后形成的普遍性、绝对性贫困到以收入不平等为特点的相对性、转型性贫困”[②]。相应地，扶贫开发工作也因势几经调整：从“救济式扶贫”到“开发式扶贫”再到“攻坚式扶贫”，从“区域性扶贫”到瞄准贫困县、“整村推进”再到“扶贫入户”，从以解决温饱问题为主要任务到巩固温饱成果、加快脱贫致富、改善

① 习近平：《在全国脱贫攻坚总结表彰大会上的讲话》，人民出版社2021年版，第20—21页。

② 张占斌：《中国特色社会主义政治经济学研究》，国家行政学院出版社2018年版，第103—104页。

生态环境、提高发展能力、缩小发展差距等更高的标准。应该说，我国的扶贫工作在不断探索更加符合国情和发展阶段的扶贫脱贫之路，扶贫政策越来越有针对性，扶贫举措越来越实，扶贫重心也越来越下移。在过去几十年的扶贫工作中，虽然我们取得了举世瞩目的辉煌成就，但是一些不容忽视的问题也有愈演愈烈之势：贫困人口和程度底数不清、扶贫措施针对性不强、扶贫资金和项目指向不准、扶贫对象脱贫速度下滑、扶贫资源投入边际收益下降、减贫资源渗漏严重等，给实现党的第二个百年奋斗目标造成发展障碍。有着40多年扶贫工作经历的习近平总书记对这些问题可谓谙熟于心、高度重视并直面挑战，从历史担当的高度和对人民负责的情怀，于2013年底在湖南湘西考察时提出因人而异、因地制宜化解存在问题的伟大方略——精准扶贫、精准脱贫，即针对以往粗放式扶贫的突出问题而提出的一种精准到人到户的新型扶贫模式，是根据不同贫困区区域环境、不同贫困农户状况，以政府为主导，以贫困群众为主，运用科学有序的“程序”对扶贫对象实施精准识别、精准帮扶、精确管理的贫困治理方式。精准扶贫、精准脱贫是扶贫工作的理念更新和认知提升，契合了中国扶贫工作实际，顺应了贫困治理的逻辑演变，也取得了非凡的成效，对扎实推动共同富裕提供了社会保障。

（二）我国全面建成小康社会的实践为扎实推动共同富裕创造了发展前提

回首改革开放40多年的奋斗，我们党始终紧紧扭住共同富裕这个目标，一茬接着一茬干，一棒接着一棒跑，逐渐把全面建成小康社会变成了现实。不论是在中华民族的发展史上，还是在社会主义发展史上，抑或在世界发展史上，都具有极为重大的意义。全面建成小康社会的实现，使中国人民在全面解决温饱问题的基础上，有了对美好生活的需要和向往。因此，没有全面建成小康社会，扎实推动共同富裕就缺少发展的基础。

党的十八大以来，以习近平同志为核心的党中央明确提出了全面建成小康社会新的目标要求，规划和设计了未来美好生活的宏伟蓝图。

经济实现高质量发展。在提高发展平衡性、包容性、可持续性的基础上，发展质量和效益明显提高。产业迈向中高端，农业现代化进展明显，工业化和信息化融合发展水平进一步提高，先进制造业和战略性新兴产业加快发展，新产业新业态不断成长，服务业比重进一步提高。

创新驱动成效显著。创新驱动发展战略深入实施，创新创业蓬勃发展，全要素生产率明显提高。科技与经济深度融合，创新要素配置更加高效，重点领域和关键环节核心技术取得重大突破，自主创新能力全面增强，迈进创新型国家和人才强国的行列。

发展协调性明显增强。消费对经济增长贡献继续加大，投资效率和企业效率明显上升。城镇化质量明显改善，户籍人口城镇化率加快提高。区域协调发展新格局基本形成，发展空间布局得到优化。对外开放深度、广度不断拓展，全球配置资源能力进一步增强，进出口结构不断优化，国际收支基本平衡。

人民生活水平和质量普遍提高。“就业、教育、文化体育、社保、医疗、住房等公共服务体系更加健全，基本公共服务均等化水平稳步提高”①。教育现代化取得重要进展，劳动年龄人口受教育年限明显增加。就业比较充分，收入差距正在缩小，中等收入人口比重开始上升。

国民素质和社会文明程度显著提高。公共文化服务体系基本建成，文化产业成为国民经济支柱性产业。

生态环境质量总体改善。生产方式和生活方式绿色、低碳水平提升。能源资源开发利用效率大幅提高，能源和水资源消耗、建设用地、碳排放得到有效控制，主要污染物排放总量大幅减少。

各方面的制度更加成熟、更加定型。国家治理体系和治理能力现代化取得重大进展，各领域基础性制度体系基本形成。开放性经济新体制基本形成。

在中国共产党成立100周年之际，我们完成全面建成小康社会的宏伟目标。在全面建成小康社会的实践中，在经济方面，按照小康社会规划的建设蓝图逐渐取得历史性成就，为下一步扎实推动共同富裕创造了坚实基础和发展条件。

①《习近平新时代中国特色社会主义思想三十讲》，学习出版社2018年版，第117—119页。

第三节 扎实推动共同富裕的基本原则

推动共同富裕的历史进程是复杂、系统性的社会工程，这决定了在落实推动共同富裕的任务与举措之前，必须把握扎实推动共同富裕的基本原则，特别是辩证把握推动共同富裕的一系列重要关系。

一、坚持经济建设与多领域建设并举

人口众多是我国的基本国情，要想实现中国式现代化的共同富裕，需要从数量上“做大蛋糕”，这有赖于坚持发展是硬道理，发展是执政兴国的第一要务，坚持全面和高质量发展，坚持以经济建设为中心，走经济、政治、文化、社会、生态全面发展的中国式现代化新道路。一方面，以经济建设为中心。中国式现代化的共同富裕首先要提高物质文明的程度，经济建设成为重中之重。党的十一届三中全会确立了“以经济建设为中心”的社会主义初级阶段基本路线的中心，为此后中国式现代化的共同富裕指明了重点。“现在要横下心来，除了爆发大规模战争外，就要始终如一地、贯彻始终地搞这件事，一切围绕着这件事，不受任何干扰。就是爆发大规模战争，打仗以后也要继续干，或者重新干。”[①]一方面，集中精力建设经济、建设社会主义现代化国家，

①《邓小平文选》第2卷，人民出版社1994年版，第249页。

在数量上“做大蛋糕”，是通向共同富裕的核心路径。另一方面，推动其他领域共同发展。中国式现代化的共同富裕是多方面的，经济、政治、文化、社会、生态等都包含在内，除了要以经济建设为中心，还要推动政治、文化、社会、生态等共同发展。“任务很多，需要做的事情很多，各种任务之间又有相互依存的关系，如像经济与教育、科学，经济与政治、法律等等，都有相互依存的关系，不能顾此失彼。”[①]从更加全面的视角“做大蛋糕”，是通向共同富裕的重要路径。

二、坚持统筹经济发展与收入分配

生产发展是实现共同富裕的基础和前提，收入分配是实现共同富裕的关键。一方面，必须坚持高质量发展，提高发展的平衡性、协调性、包容性。习近平总书记指出：“社会上有一些人说，目前贫富差距是主要矛盾，因此‘分好蛋糕比做大蛋糕更重要’，主张分配优先于发展。这种说法不符合党对社会主义初级阶段和我国社会主要矛盾的判断。党的十八大提出准备进行具有许多新的历史特点的伟大斗争，是为了毫不动摇坚持和发展中国特色社会主义，不是不要发展了，也不是要搞杀富济贫式的再分配。我们提出‘五位一体’总体布局和‘四个全面’战略布局，就是为了更好推动经济社会发展，为人民群众生活改善不断打下更为雄

①《邓小平文选》第2卷，人民出版社1994年版，第249—250页。

厚的基础。”[1]当前我国的发展仍然有不平衡不充分的问题，为此必须坚持加快完善社会主义市场经济体制，推动发展更平衡、更协调、更包容：一是“增强区域发展的平衡性”，实施区域重大战略和区域协调发展战略，健全转移支付制度，缩小区域人均财政支出差异，加大对欠发达地区的支持力度；二是“强化行业发展的协调性”，加快垄断行业改革，推动金融、房地产同实体经济协调发展；三是“支持中小企业发展”，构建大中小企业相互依存、相互促进的企业发展生态。另一方面，收入分配的调节对于实现共同富裕具有重要意义。这是因为，实现共同富裕关键在于收入调节，在于解决收入分配差距较大问题，并达到合理的收入分配格局。只有采取中等收入、低收入、高收入人群的针对性措施，才能缩小居民收入差距，形成合理的国民收入分配格局，不断朝着全体人民共同富裕迈进。

三、坚持基本经济制度不动摇

改革开放以来，我国逐渐确立的公有制为主体、多种所有制经济共同发展的基本经济制度，极大地解放和发展了生产力，使一部分人和一部分地区先富起来了，是被实践证明的行之有效的致富制度。党的十九届四中全会创造性地将我国的基本经济制度概括为：“公有制为主体、多种所有制经济共同发展，按劳分配

---

①《习近平关于社会主义经济建设论述摘编》，中央文献出版社2017年版，第12页。

为主体、多种分配方式并存，社会主义市场经济体制。”[①]通过坚持与完善中国特色社会主义基本经济制度促进共同富裕，是习近平总书记在讲话中多次强调的重点内容。

坚持和完善所有制结构。公有制为主体、多种所有制经济共同发展的基本经济制度，一方面，适应了我国生产力发展的现实水平，充分调动了各方积极性，使一部分人和一部分地区先富起来了，促进了生产力的巨大发展。另一方面，不同的所有制形式必然产生不同的分配方式和分配关系。中国特色社会主义进入新时代，面对在社会主义市场经济推动共同富裕这一重大问题，习近平总书记强调，“要立足社会主义初级阶段，坚持‘两个毫不动摇’。要坚持公有制为主体、多种所有制经济共同发展，大力发挥公有制经济在促进共同富裕中的重要作用，同时要促进非公有制经济健康发展、非公有制经济人士健康成长。”[②]作为集中体现社会主义属性的公有制在推动共同富裕中发挥着重要作用，非公有制经济在提高生产力、促进经济发展、解决劳动就业等方面亦发挥着不可忽视的作用，必须处理好二者的关系才能最大程度地促进共同富裕。

坚持和完善分配制度。构建初次分配、再分配、三次分配协调配套的基础性制度安排，必须着眼这三种分配方式的内容与作

---

①《中共中央关于坚持和完善中国特色社会主义制度　推进国家治理体系和治理能力现代化若干重大问题的决定》，人民出版社2019年版，第18页。

② 习近平：《扎实推动共同富裕》，《求是》2021年第20期。

用。其一，初次分配是按照劳动力、资本、土地和知识、技术、管理、数据等生产要素对国民收入贡献大小进行的收入分配，主要通过市场机制形成。目前我国初次分配中劳动收入份额占比偏低，提高劳动收入份额有助于缩小总体收入差距。为此，要努力实现居民收入增长和经济发展同步、劳动报酬增长和劳动生产率提高同步，提高居民收入在国民收入分配中的比重，提高劳动报酬在初次分配中的比重。其二，再分配是政府通过税收等方式把钱收上来，通过社会福利、公共服务、转移支付等途径把钱再分配出去。为此，要进一步完善社会保障体系，加快推进基本公共服务均等化。其三，三次分配是通过捐赠、慈善等方式对收入和财产进行再一次分配。为此，要在法律、政策、社会环境等方面鼓励先富裕起来的企业和人群承担更多社会责任，支持和帮助后富者改善生活、教育、医疗、卫生等条件。

坚持和完善经济体制。坚持和完善社会主义市场经济，处理好政府与市场的关系，既要发挥有效市场在资源配置中起决定性作用，也要更好地发挥有为政府在收入分配和再分配中的重要作用。一方面，市场在共同富裕中的作用主要体现在初次分配领域，发挥着提高发展质量效益和夯实共同富裕物质基础的作用，为共同富裕提供基础保障。市场机制具有优化资源配置、激励创新、提高经济效率和发展质量、促进生产力发展的优势，可以为实现共同富裕奠定物质基础。“做大蛋糕”就必须要充分发挥市场机制的作用和优势。另一方面，政府在再分配中发挥着重要作用。有效发挥政府弥补市场失灵的作用，在二次分配甚至三次分配领域强化政府调节和引导，为实现共同富裕提供重要制度保障。

四、坚持把握共富与富裕的关系

“富裕”体现的是生产力方面的要求，即发挥科学技术是第一生产力的作用推动生产力不断发展，在追求效率中解决发展不充分的问题，做大社会财富的“蛋糕”，夯实共同富裕的物质基础。“共富”体现的是生产关系方面的要求，集中体现在所有制关系方面，旨在发挥基本分配制度的作用，在追求公平中解决发展不平衡的问题，消除两极分化，缩小区域、城乡和收入三大差距，切好社会财富的“蛋糕”，维护共同富裕的社会基础。可以看出，共富与富裕相统一。其中，富裕是实现共同富裕的客观基础，没有生产力的充分发展、经济社会的持续进步，就没有进行分配的前提；共富是实现共同富裕的关键，仅有富裕是不可能自然形成共同富裕的局面的，必须从共同着眼，从生产关系层面入手，主动解决收入分配、社会财富格局方面的问题，才能真切实现共同富裕。

五、坚持统筹先富与后富

改革开放以来，通过允许一部分人先富起来事实上推动了社会整体上的富裕。但是，一部分人富裕之后，仍然有很多人未能实现富裕。面对着社会大众普遍关心的先富和后富的关系，习近平总书记旗帜鲜明地指出“要允许一部分人先富起来，同时要强调先富带后富、帮后富，重点鼓励辛勤劳动、合法经营、敢于创业的致富带头人。靠偏门致富不能提倡，违法违规的要依法处理”[①]。可以看出，先富与后富应是辩证统一的。一方面，先富具有合理性，应鼓励一部分人先富起来，合法的致富途径应被充分肯定。另一方面，先富具有一定的社会责任，表现为带后富、帮后富，应在先富带后富中实现二者的统一。

六、坚持效率与公平的辩证统一

在当前发展阶段，推动共同富裕仍然必须把握好效率和公平的关系，找到一条同时兼顾效率和公平的发展路径，不能一味强调效率，或者单纯强调公平。这是因为，一方面，共同富裕中的富裕意味着“蛋糕”的做大、经济基础的壮大，也就是对效率提出了要求。尤其是我国仍然处于社会主义初级阶段，距离高收入国家仍然存在着不小的差距。因此，推动经济发展特别是高效发展，仍然是相当长时期内的主要任务。在此意义上，经济高质量发展正是提高经济效率的必然之路，正是通过提高全要素生产效率和劳动生产率实现经济效率的提升。另一方面，公平的实现对于提高效率、促进经济社会健康发展具有重要意义。共同富裕所考虑的公平绝不是平等，而是强调了机会公平、过程公平，在于

① 习近平：《扎实推动共同富裕》，《求是》2021年第20期。

为每一个人提供平等的发展机遇。公平的机会能够极大促进社会流动性，激发每一个人参与经济建设的热情，以此最大程度为社会发展提供动力。由此，促进共同富裕既要注重公平，也要注重效率，二者不可偏废。

七、坚持量力而行与尽力而为

量力而行和尽力而为主要是针对政府职能而言。在社会主义市场经济下推动共同富裕，政府具有重要责任。建设有为政府，有助于厘清政府与市场的职责边界，明确政府在推动共同富裕中的作用与作为，从而实现与有效市场的充分结合，以此更好地促进共同富裕。一方面，政府应尽力而为，不断提升人民群众的获得感。当前我国正处于并将长期处于社会主义初级阶段，这决定了实现共同富裕也是一个长期的历史过程。针对当前历史发展阶段推动共同富裕的任务，要根据现有条件把能做的事情尽量做起来，尽力增强群众获得感的实现路径。另一方面，政府应尽力而行，不能做超越历史阶段的事情。致富必须量力而行，不能提过高的目标、搞过头的保障。实现尽力而为与量力而行的平衡，关键在于政府不能什么都包，通过加强基础性、普惠性、兜底性民生保障建设，并且要防止落入“福利主义”陷阱。

八、坚持勤劳致富与创新致富

共同富裕的实现依靠共同奋斗，与每个人的辛勤劳动密不可分。具体而言，共同奋斗的方式又可以分为辛勤劳动和创新活动两种方式。一方面，勤劳致富是实现共同富裕的前提。当前我国仍处于社会主义初级阶段，需要广大劳动人民艰苦奋斗，坚决摒弃一切“等靠要”等消极思想。另一方面，创新致富能为促进共同富裕注入强大动力。“科学技术是第一生产力”。当前我国部分领域的科学技术水平已经领先于世界，但同时也有多处面临着“卡脖子”的被动局面。必须清醒地认识到，关键核心技术是要不来、买不来的，必须依靠自主创新实现突破。勤劳致富突出了通过辛勤劳动获取回报的重要性，强调了实现共同富裕不能“等靠要”“搭便车”，必须通过付出劳动进而投入实现共同富裕的历史进程中；强调创新致富则是肯定了创新活动，明确了科学创新、技术创新等自主创新活动对于社会与国家发展的重要意义。勤劳致富与创新致富互相补充、相辅相成，共同构成了实现共同富裕的劳动路径。勤劳绝不能仅限于重复低端的简单劳动，而创新背后必然凝结着大量的辛勤劳动。在高质量发展中促进共同富裕，必须依靠勤劳和创新来不断夯实共同富裕的重要基础。

九、坚持循序渐进和先行示范

一方面，国情客观决定了整个过程将是一个循序渐行的过程。推动共同富裕任务的长期性、艰巨性、复杂性，决定了在社会主义初级阶段实现共同富裕不可能是一蹴而就的过程，表现为奋斗目标与历史发展过程的统一。习近平总书记指出：“办好这件事，等不得，也急不得”[①]，必须循序渐进地将一件事接着一件事办好。另一方面，我国地域辽阔、人口庞大，各地区资源禀赋、城乡融合程度、劳动力素质不同，必然会有一部分地区、一部分人先发展先富起来。特别是某些地区的经济发展基础、优势区分等，决定了部分地区实际具备了先行示范的条件。因此，循序渐进促进共同富裕是符合生产力发展规律和我国国情的科学论断的。同时，促进共同富裕也需要先行示范、重点突破，可选取具备相应条件的地区先行探索，形成可复制、可推广的经验，为在全国范围内铺开实施作出示范。循序渐进和先行示范，是“两点论”和“重点论”相统一的方法论，既有利于统筹兼顾，又能做到精准发力，有利于在高质量发展中促进共同富裕。

第四节 扎实推动共同富裕的战略部署

习近平总书记在主持召开中央财经委员会第十次会议上指出，“共同富裕是全体人民的富裕，是人民群众物质生活和精神生活都富裕，不是少数人的富裕，也不是整齐划一的平均主义，要分阶段促进共同富裕。”[②]共同富裕不是一蹴而就的，需要共产党在扎实推动共同富裕中做好战略部署，按照发展要求和路径，

① 习近平：《扎实推动共同富裕》，《求是》2021年第20期。

②《习近平主持召开中央财经委员会第十次会议强调 在高质量发展中促进共同富裕统筹做好重大金融风险防范化解工作 李克强汪洋王沪宁韩正出席》，《人民日报》2021年8月18日。

逐渐实现共同富裕。

一、实现共同富裕的基本政策框架

共同富裕是一项系统工程和一连串事件，必须融入新发展思想、新发展理念，与各项发展战略相衔接，与社会主义市场经济体制和各领域体制机制相融合，以共享共富为指引，在各项重要制度中有安排，构建一系列目标明确、方向一致、相融相济的体制机制和政策体系。实现共同富裕的基本政策框架由主体性体制机制和政策体系、保障性体制机制和政策体系两个部分组成。

（一）主体性体制机制和政策体系

初次分配制度改革的重点，一是合理安排劳动、资本和财政收入在国民收入中的比例，稳步提高居民收入在国民收入分配中的比重。包括要改变资强劳弱的局面，形成合理的劳资关系；要逐步减缓财政收入的过快增长；在一定时期内允许居民收入的增长速度超过资本、税收乃至整个经济的增长速度。二是完善工资形成和增长机制，提高劳动者报酬在初次分配中的比重。根据市场化工资形成机制的运行过程，我国工资制度体系应该从工资合意形成机制、政府对合意干预机制、合意履行机制三部分予以构建，形成劳动合同和集体合同制度、最低工资制度、工资宏观调控和工资支付保障制度四大部分。三是要拓展居民收入渠道，增加居民财产性收入。应通过改善创业环境、发展多层次资本市场、推出多样化的理财工具等为居民开辟多样化的收入渠道，使工资收入在居民家庭收入中所占的比重持续下降，财产性收入在居民家庭收入中所占的比重持续上升。四是要消除垄断行业的过高收入和各种不合理收入或非法收入，缩小居民收入差距。五是要培育中等收入阶层，提高中等收入群体的比重。培育中等收入阶层，首先要大力发展教育和职业培训，提高居民人力资本获取收入的能力。其次要不断提高财产收入占其总收入的比重。

再分配制度改革的重点，一是要完善税收制度。要尽可能地完善税种，尤其是有利于缩小收入差距的税种，如除了继续发挥针对奢侈消费品消费税、累进的个人所得税的调节作用外，还要研究推出包括房产税、遗产税、赠与税等各类财产税；要合理确定各类税种的税基和税率，提高部分奢侈品的税率；提高个人所得税的起征点，减少税率档次等；要完善收入和财产的个人申报制度和税收监管制度，严格税收执法。二是要完善财政转移支付制度。进一步提高均衡性转移支付的规模和比重，进一步调整完善财政转移支付测算方法和分配办法，构建以一般转移支付为主、专项转移支付为辅的模式等。三是要完善公共财政制度。各级政府要大力调整和优化财政支出结构，把更多的财政资金投向公共服务领域，更多地满足基本公共服务的需要，不断改善人民群众的生产生活条件，让更广大的人民群众共享改革发展成果。四是要建立覆盖城乡居民的社会保障体系。建立覆盖城乡居民的社会保障体系，需要按照统筹城乡社会发展的要求，对保障项目、保障标准、保障资金、保障机构和法规建设进行全面而有效的整合。五是积极发挥“第三次分配”对收入分配的调节作用。完善有利于第三次分配的法律和法规、有效的民间组织监管机制、慈善捐赠的税收减免制度，积极发展社会慈善捐赠事业。

（二）保障性体制机制和政策体系

保障性体制机制和政策体系对于分配起点、分配秩序、分配格局具有重要影响，是实现共同富裕的前提条件和重要保障。收入分配和共同富裕不仅仅是个人层面的分配结果，更是国家社会、城乡区域等各主体、各层面发展环境、发展条件、发展状况合力作用的结果。共同富裕离不开分配起点的公平化、分配秩序的有序化、城乡区域发展的协调化。

完善公平教育制度。建设高质量教育体系，发展更加包容、更加公平、更高质量的教育。坚持教育公益性原则，深化教育改革，加大推进教育公平的力度，推动义务教育均衡发展和城乡一体化，提高进城务工人员子女在公办学校就读比例，全面振兴乡村教育，加强薄弱地区的教育投入，促进教育资源的均等化布局；完善普惠性学前教育和特殊教育、专门教育保障机制；大力发展职业教育、终身教育，继续加大高校招生对中西部和农村地区的倾斜力度。

构建全面、公平、容易进入的充分就业体系。按照就业优先的国家战略要求，要尽可能在全面、公平、容易进入几个方面思考就业政策和体制机制的完善。充分保障劳动者依法享有平等就业和自主择业的权利，保障劳动者就业不受歧视；提高高等教育、职业教育等不同层次的教育体系质量，使得劳动者收入的提高建立在技能提高基础之上，劳动者报酬与劳动生产率同步提高就有了制度保障。

完善公平竞争机制。完善市场竞争机制，建立以竞争政策为前提，以公平为原则的产权保护制度为基础，以公平竞争监管为保障的制度体系，推进土地、劳动力、资本、技术、数据等要素市场化改革，健全要素市场运行机制，完善要素交易规则和服务体系。完善社会流动机制，全面放开城镇落户条件，推进用人制度改革促进流动，推进贫困群体向上流动，统筹推进城乡义务教育一体化改革，提升公共就业服务保障困难人员发展机会，完善社会救助制度提高困难群众流动能力。

完善城乡区域协调发展体制机制。坚持实施区域重大战略、区域协调发展战略、主体功能区战略、乡村振兴战略，完善新型城镇化战略。着力深化改革开放，破除体制机制和政策壁垒，促进城乡要素自由流动、平等交换和公共资源合理配置，加快形成统筹有力、竞争有序、绿色协调、共享共赢的区域协调和城乡融合发展体制机制。推进基础设施和基本公共服务城乡、区域均衡建设，推动公共资源按常住人口规模配置。

完善公共财政制度。完善多层次的财政转移支付制度，提高中央转移支付、跨区域转移支付和地方转移支付在城乡区域、主体功能区的调节作用；优化财政支出结构，增加财政对教育文化、卫生医疗、社会保障、公共安全、生态环境等公共支出转移支付的力度，财政收入增量更多地用于民生，提高公共服务均等化水平；增大社会保障基金的总量，扩大社会保障的覆盖面，提高社会保障的统筹层次，增强统筹调剂的能力，重点解决低收入阶层的失业、医疗、养老等问题，控制普通居民的社会保障、教育医疗的支出成本。

实施普惠金融发展战略。实施符合我国国情和金融现实的普惠金融发展战略，运用直接财政补贴、设立风险补偿基金、对普惠金融机构税收优惠以及土地使用、贷款核销、资金奖励等各种激励措施，逐步建立起金融机构为弱势群体提供金融服务情况的监测、评价和考核机制，推动金融资源要素不断流向弱势地区和弱势群体，提高金融的包容性、可获得性和便利性。

二、实现共同富裕的阶段性政策目标和重点

实现共同富裕是人类社会前所未有的伟业，是一项长期战略，必须分阶段进行，正确处理总体安排与阶段性部署的关系，确保阶段性目标的可及性，并适时调整政策目标和重点。到21世纪中叶，基本实现全体人民共同富裕可以分为三个阶段：第一个阶段，“十四五”时期，全体人民共同富裕迈出坚实步伐；第二个阶段，从2026年到2035年，全体人民共同富裕取得更为明显的实质性进展；第三个阶段，从2036年到21世纪中叶，全体人民共同富裕基本实现。

（一）初步形成实现共同富裕的体制机制和政策体系（2021—2025年）

政策目标：实现更加充分更高质量就业，城镇调查失业率控制在5.5%以内，居民人均可支配收入增长与国内生产总值增长基本同步，分配结构明显改善，基本公共服务均等化水平明显提高，全民受教育程度不断提升，劳动年龄人口平均受教育年限提高到11.3年，多层次社会保障体系更加健全，基本养老保险参保率提高到95%，卫生健康体系更加完善，人均预期寿命提高1岁，脱贫攻坚成果巩固拓展，乡村振兴战略全面推进，全体人民共同富裕迈出坚实步伐。

重点任务：实现脱贫攻坚同乡村振兴有效衔接，巩固拓展脱贫攻坚成果；加强理论和政策研究，制定促进共同富裕的行动纲领，明确时间表、路线图；探索打造共同富裕示范区，探索推动共同富裕示范区建设；实现基本社会保障体系全覆盖；初步形成推动共同富裕的体制机制和政策体系。

政策手段：健全保障性体制机制和政策体系。坚持农业农村优先发展，全面推进乡村振兴。实施乡村建设行动，健全城乡融合发展体制机制，实现巩固拓展脱贫攻坚成果同乡村振兴有效衔接。完善新型城镇化战略，提升城镇化发展质量，加快农业转移人口市民化。促进区域协调发展，深入实施区域重大战略，深入实施区域协调发展战略。提升国民素质，促进人的全面发展。建设高质量教育体系，全面推进健康中国建设，实施积极应对人口老龄化的国家战略。增进民生福祉，健全国家公共服务制度体系，实施就业优先战略，健全多层次社会保障体系，保障妇女、未成年人和残疾人基本权益。推进主体性体制机制和政策体系。优化收入分配结构。提高劳动报酬在初次分配中的比重，健全工资决定、合理增长和支付保障机制，完善最低工资标准和工资指导线形成机制，多渠道增加城乡居民财产性收入，提高农民土地增值收益分享比例，加大公共财政支出用于民生保障力度。扩大中等收入群体。以高校和职业院校毕业生、技能型劳动者、农民工等为重点，不断提高中等收入群体比重。实施高素质农民培育计划，运用农业农村资源和现代经营方式增加收入。完善小微创业者扶持政策，支持个体工商户、灵活就业人员等群体勤劳致富。完善再分配机制，改善收入和财富分配格局。健全直接税体系，完善综合与分类相结合的个人所得税制度，加强对高收入者的税收调节和监管。完善兜底保障标准动态调整机制。规范收入分配秩序，保护合法收入，合理调节过高收入，取缔非法收入，遏制以垄断和不正当竞争行为获取收入。

（二）形成比较完善的体制机制和政策体系（2026—2035年）

政策目标：人民平等参与、平等发展权利得到充分保障。人均国内生产总值达到中等发达国家水平，中等收入群体显著扩大，基本公共服务实现均等化，城乡区域发展差距和居民生活水平差距显著缩小。生态环境根本好转，美丽中国目标基本实现。人民生活更加美好，人的全面发展、全体人民共同富裕取得更为明显的实质性进展。

重点任务：基本公共服务实现均等化，实现较高水平的社会保障体系全覆盖；城乡区域发展和居民生活水平差距显著缩小；形成比较完善的收入分配格局。

政策手段：完善保障性体制机制和政策体系。基本形成包容、公平、高质量的教育制度，实现义务教育基本均衡发展和城乡一体化，基本解决进城务工人员子女在公办学校就读问题，基本实现教育资源均等化布局；基本实现高校招生在中西部和农村地区与东部和城市的均衡。基本实现公平就业、同工同酬。形成比较完善的公共卫生体系。形成比较完善的城乡融合发展体制机制、区域协调发展机制。基本实现基础设施和基本公共服务城乡、区域均衡建设，公共资源按常住人口规模配置。形成比较完善的公共财政制度。基本解决低收入阶层的失业、医疗、养老等难题。健全主体性体制机制和政策体系。以流量收入为主进行较大幅度的收入分配格局调整，并陆续推出以财富为主的存量调整政策。初次分配：形成合理的劳动、资本和政府分配格局，劳动报酬在初次分配中达到较高比重。加大反垄断力度，消除垄断行业的过高收入和各种不合理收入或非法收入，加大中等收入群体在国民中的比重。再次分配：完善税收制度，基本形成以直接税为主的税收格局。提高个税起征点，形成有利于调节收入差距的个人所得税制度。全面推开房地产税。建立覆盖全面的较高水平的社会保障体系。

（三）形成高度完善的体制机制和政策体系（2036—2050年）

政策目标：物质文明、政治文明、精神文明、社会文明、生态文明将全面提升，人民将享有更加幸福安康的生活，全体人民共同富裕基本实现。

重点任务：形成比较完善的财富调整体制机制；居民收入、城乡和区域三大差距缩小到合理程度；财富差距缩小到与社会主义发展阶段相适应的程度。

政策手段：形成高度完善的保障性体制机制和政策体系。上一阶段所遗留的各类问题的解决，在教育、就业、医疗、养老、城乡发展、基础设施建设等方面取得突破性进展。完善主体性体制机制和政策体系。在巩固完善收入分配制度的基础上，重点推进以财富为主的存量调整格局，形成完善的财富调整体制机制。完善房地产税。全面推开并逐步完善资本利得税、资本税、遗产税、赠与税等。适时调整各类税种的税基和税率，形成有利于实现财富调整的分配格局。

三、扎实推动共同富裕的要求

推动共同富裕，是立足新发展阶段、贯彻新发展理念、构建新发展格局的重中之重。顺利实现第二个百年奋斗目标，要求我们扎实推动共同富裕。尽管我们在扎实推动共同富裕的实践中制定和明确了时间表和路线图，但实现推动共同富裕的目标是阶段性的，这就要求我们在推动共同富裕过程中，要依据相关的发展要求，逐步分阶段实现。

（一）推动共同富裕等不得

从温饱到小康再到富裕，从部分富裕到共同富裕，是一个发展过程。中国实现全面小康社会之前，社会整体处于温饱阶段，实现共同富裕不具备现实性。全面建成小康社会之后，实现共同富裕具备了可能性、必要性和现实性。20世纪80年代，中国基尼系数处于0.3左右的全球平均水平，与欧洲福利型社会国家相当。20世纪90年代中期，中国基尼系数超过欧洲，赶上美国。2001年以来，中国基尼系数不仅大幅高于欧洲，而且超过0.4的国际公认的警戒线水平，甚至长期高于美国。2019年中国基尼系数达到0.465，列入世界上收入差距特别大的20%国家行列。全面实现小康社会之后，中国地区、城乡、行业、代际收入差距依旧显著。国家统计局数据显示，2020年，中国城乡居民人均可支配收入相差近2.6倍；人均GDP最高省份和最低省份相差近4.6倍。开启第二个百年奋斗目标新征程，必须扎实推动共同富裕取得实质性进展，这不仅出于公平目的，关乎民生福祉，而且关乎能否打破经济发展的桎梏，全面释放生产要素潜力，推动经济社会的可持续发展。

（二）推动共同富裕急不得

目前，中国发展不平衡不充分问题仍然突出，城乡区域发展和收入差距较大，这决定了中国实现共同富裕是一项长期任务。必须充分预估实现过程的长期性、艰巨性和复杂性，坚持系统观念，立足当前、着眼长远，统筹考虑需要和可能，按照经济社会发展规律循序渐进，不搞形式主义，不搞“大跃进”，不搞“打土豪分田地”，不能一蹴而就，不能齐头并进。

推动共同富裕不是“养懒汉”，不是“等靠要”，不是平均主义，不是整齐划一，不是回到“计划经济”共同贫穷的状态，不是同等富裕、同步富裕、同时富裕，要“济贫”但不能“杀富”。要充分认识到国内地区、城乡、行业、代际之间客观条件和发展水平的差异性，充分汲取一些国家超出发展水平搞过度福利化、落入“福利主义陷阱”的深刻教训，坚持尽力而为、量力而行，坚持稳中求进、久久为功。要允许在合理范围内存在一定差距，承认不同程度的共同富裕，少数人可以先行一步，再带动大家共同富裕。“要进行合理规划和部署，按照时间节点逐步扎实推进，不断形成推动共同富裕的阶段性标志成果”[①]。

四、扎实推动共同富裕的实践路径

坚持以人民为中心的发展思想，在高质量发展中促进共同富裕，正确处理效率和公平的关系，构建初次分配、再分配、三次分配协调配套的基础性制度安排，加大税收、社保、转移支付等调节力度并提高精准性，扩大中等收入群体比重，增加低收入群体收入，合理调节高收入，取缔非法收入，形成中间大、两头小

① 李海舰、杜爽：《推动共同富裕若干问题探析》，《改革》2021年第12期。

的橄榄型分配结构，促进社会公平正义，促进人的全面发展，使全体人民朝着共同富裕目标扎实迈进。

（一）提高发展的平衡性、协调性、包容性

要加快完善社会主义市场经济体制，推动发展更平衡、更协调、更包容。要增强区域发展的平衡性，实施区域重大战略和区域协调发展战略，健全转移支付制度，缩小区域人均财政支出差异，加大对欠发达地区的支持力度。要强化行业发展的协调性，加快垄断行业改革，推动金融、房地产同实体经济协调发展。要支持中小企业发展，构建大中小企业相互依存、相互促进的企业发展生态。

（二）着力扩大中等收入群体规模

要抓住重点、精准施策，推动更多低收入人群迈入中等收入行列。高校毕业生是有望进入中等收入群体的重点人群，要提高高等教育质量，做到学有专长、学有所用，帮助他们尽快适应社会发展需要。技术工人也是中等收入群体的重要组成部分，要加大技能人才培养力度，提高技术工人工资待遇，吸引更多高素质人才加入技术工人队伍。中小企业主和个体工商户是创业致富的重要群体，要改善营商环境，减轻税费负担，提供更多市场化的金融服务，帮助他们稳定经营、持续增收。进城农民工是中等收入群体的重要来源，要深化户籍制度改革，解决好农业转移人口随迁子女教育等问题，让他们安心进城，稳定就业。要适当提高公务员特别是基层一线公务员及国有企事业单位基层职工工资待遇。要增加城乡居民住房、农村土地、金融资产等各类财产性收入。

（三）促进基本公共服务均等化

低收入群体是促进共同富裕的重点帮扶、保障人群。要加大普惠性人力资本投入，有效减轻困难家庭教育负担，提高低收入群众子女受教育水平。要完善养老和医疗保障体系，逐步缩小职工与居民、城市与农村的筹资和保障待遇差距，逐步提高城乡居民基本养老金水平。要完善兜底救助体系，加快缩小社会救助的城乡标准差异，逐步提高城乡最低生活保障水平，兜住基本生活底线。要完善住房供应和保障体系，坚持“房子是用来住的、不是用来炒的”定位，租购并举，因城施策，完善长租房政策，扩大保障性租赁住房供给，重点解决好新市民住房问题。

（四）加强对高收入的规范和调节

在依法保护合法收入的同时，要防止两极分化、消除分配不公。要合理调节过高收入，完善个人所得税制度，规范资本性所得管理。要积极稳妥推进房地产税立法和改革，做好试点工作。要加大消费环节税收调节力度，研究扩大消费税征收范围。要加强公益慈善事业规范管理，完善税收优惠政策，鼓励高收入人群和企业更多回报社会。要清理规范不合理收入，加大对垄断行业和国有企业的收入分配管理，整顿收入分配秩序，清理借改革之名变相增加高管收入等分配乱象。要坚决取缔非法收入，坚决遏制权钱交易，坚决打击内幕交易、操纵股市、财务造假、偷税漏税等获取非法收入行为。

经过多年探索，我们对解决贫困问题有了完整的办法，但在如何致富问题上还要探索积累经验。要保护产权和知识产权，保护合法致富。要坚决反对资本无序扩张，对敏感领域准入划出负面清单，加强反垄断监管。同时，也要调动企业家积极性，促进各类资本规范健康发展。

（五）促进人民精神生活共同富裕

促进共同富裕与促进人的全面发展是高度统一的。要强化社会主义核心价值观引领，加强爱国主义、集体主义、社会主义教育，发展公共文化事业，完善公共文化服务体系，不断满足人民群众多样化、多层次、多方面的精神文化需求。要加强促进共同富裕舆论引导，澄清各种模糊认识，防止急于求成和畏难情绪，为促进共同富裕提供良好舆论环境。

（六）促进农民农村共同富裕

促进共同富裕，最艰巨、最繁重的任务仍然在农村。农村共同富裕工作要抓紧，但不宜像脱贫攻坚那样提出统一的量化指标。要巩固拓展脱贫攻坚成果，对易返贫致贫人口要加强监测、及早干预，对脱贫县要“扶上马送一程”，确保不发生规模性返贫和新的致贫。要全面推进乡村振兴，加快农业产业化，盘活农村资产，增加农民财产性收入，使更多农村居民勤劳致富。要加强农村基础设施和公共服务体系建设，改善农村人居环境。

全体人民共同富裕是一个总体概念，是对全社会而言的，不要分成城市一块、农村一块，或者东部、中部、西部地区各一块，各提各的指标，要从全局上来看。我们要实现14亿多人的共同富裕，必须脚踏实地、久久为功，不是所有人都同时富裕，也不是所有地区同时达到一个富裕水准，不同人群不仅实现富裕的程度有高有低，时间上也会有先有后，不同地区富裕程度还会存在一定差异，不可能齐头并进。这是一个在动态中向前发展的过程，要持续推动，不断取得成效。

第四章
在高质量发展中促进共同富裕的重点问题

党的十九大报告指出，我国经济已由高速增长阶段转向高质量发展阶段，推动高质量发展是“十四五”时期乃至未来更长一段时期的主题。共同富裕是社会主义的本质要求，是中国式现代化的重要特征，如何在高质量发展中促进共同富裕，成为新时代的重大课题，需要从重点问题着手，深入研究探讨。

第一节　提高发展的平衡性、协调性、包容性

进入新时代，我国社会主要矛盾已经转化为人民日益增长的美好生活需要和不平衡不充分的发展之间的矛盾。我国发展不平衡不充分问题仍然突出，城乡区域发展和收入分配差距较大，需要提高发展的平衡性、协调性、包容性。

一、我国发展不平衡不充分的主要表现

经过多年的努力，我国经济社会已经取得了卓越的发展成果，但同时也必须认识到，发展不平衡不充分的一些突出问题尚

未解决。可从新发展理念的五个方面，认识我国发展不平衡不充分的主要表现。

创新方面，创新能力不适应高质量发展要求。我国经济已由高速增长阶段转向高质量发展阶段，迫切需要以创新带动高质量发展，但是当前我国的创新能力还不适应高质量发展的要求。从投入看，我国研究与试验发展经费占GDP比重不高。2018年我国研究与试验发展经费占GDP比重为2.14%，世界平均为2.2%，二者水平大体相当，但是和发达国家相比，我国研究与试验发展经费投入略显不足，同期美国、日本、韩国的研究与试验发展经费占GDP比重分别为2.83%、3.28%、4.53%。尽管2020年我国研究与试验发展经费占GDP比重已经提高至2.4%，但和高质量发展要求相比，仍有较大差距。从产出看，我国科技论文数量多但质量不高。2019年中国发表SCI论文为49.6万篇，占世界总量的21.5%，连续11年排世界第二位，而美国发表SCI论文为59万篇，占世界总量的25.6%，但是中国在《科学》《自然》《细胞》国际顶尖期刊论文数量仅有425篇，美国则有2562篇。①从关键领域看，“卡脖子”难题亟待破解。根据《科技日报》2018年的系列统计，目前我国在光刻机、芯片、操作系统、航空发动机短舱、触觉传感器、真空蒸镀机、手机射频器件等35个方面，都处于相对弱势的状态，需要加大基础投入。

① 参考科学技术部：《2019年中国科技论文统计分析》，http：//www.most.gov.cn/kjbgz/202106/P020210608382744618354.pdf.

协调方面，城乡区域发展和收入分配差距较大。共同富裕不是同等富裕、同步富裕，但至少要求发展协调，但是我国目前协调问题相对突出。从城乡看，城乡发展差距较大。城镇经济发展水平远远高于农村，城市制造业、服务业的发展速度和效益高于农村产业，城乡“二元结构”成为阻碍城乡协调发展的重要因素；2020年城镇居民家庭恩格尔系数①为29.2%，而农村居民家庭恩格尔系数达到32.7%。从区域看，区域发展差距较大。1979—2018年，东部、中部、西部、东北地区GDP分别年均增长11.3%、10.3%、10.3%和8.9%，东部地区领跑，与中部、西部和东北地区逐渐拉开差距；2018年，东部地区人均GDP是西部地区人均GDP的1.8倍，中部崛起的速度、西部大开发的进程、东北老工业基地振兴的步伐，都相对滞后于东部率先发展。②收入分配差距较大。我国居民收入基尼系数③水平较高，2020年达到0.468，高于0.4的国际警戒线；2020年我国城镇居民人均可支配收入为43834元，而农村居民人均可支配收入只有17131元，前者高出后

① 恩格尔系数由德国统计学家恩格尔提出，指的是食品支出总额占个人消费支出总额的比重，一个家庭或国家的恩格尔系数越小，就说明这个家庭或国家经济越富裕。根据联合国粮农组织提出的标准，恩格尔系数在59%以上为贫困，50%～59%为温饱，40%～50%为小康，30%～40%为富裕，低于30%为最富裕。

② 参考国家统计局：《重大战略扎实推进　区域发展成效显著——新中国成立70周年经济社会发展成就系列报告之十八》，http：//www.stats.gov.cn/ztjc/zthd/sjtjr/d10j/70cj/201909/t20190906_1696327.html.

③ 基尼系数由意大利经济学家基尼在20世纪初提出。一般认为，基尼系数小于0.2属于过于平均，在0.2～0.3之间属于较为平均，在0.3～0.4之间属于较为合理，在0.4～0.5之间属于收入差距过大，超过0.5则属于差距悬殊。

者26703元，前者是后者的2.56倍。

绿色方面，生态环保任重道远。纵观人类文明发展史，生态兴则文明兴，生态衰则文明衰。限于我国所处发展阶段，过去很长一段时间采取粗放式的发展方式，生态环保任重道远。从生态补偿看，政策落地仍需时间。2016年国务院办公厅印发《关于健全生态保护补偿机制的意见》，2020年中央办公厅、国务院办公厅印发《关于深化生态保护补偿制度改革的意见》，对分类补偿制度、综合补偿制度、多元化补偿、配套协同、激励约束等作出了原则性规定，但各地方政府如何具体落实，仍需要一定时间探索。从考核评价看，政绩考核机制有待完善。[①]国家层面已经要求将资源消耗、环境损害、生态效益纳入经济社会发展评价体系，建立生态文明考核指标体系，但在地方政绩考核中，生态文明建设考核指标体系还不完善，考核权重相对不高。从要素支撑看，部分地区关键要素的支撑不足。在经济发展程度不高的地区，资金、人才、交通、技术等关键要素相对缺失，严重制约绿色转型和长远发展。从化解矛盾看，保护和开发的矛盾需要破解。党的十八大以来，生态文明建设已经成为"五位一体"总体布局的重要方面，在严格的环保督察背景下，刚性政策容易造成执行阶段的"一刀切"，对于不同生态禀赋和发展水平的地区，需要正确妥善处理整体和局部、时间和空间、共性和个性、保护和开发的

① 张志军：《破解制约绿色发展的四个难题》，《学习时报》2019年1月2日。

关系。

开放方面，错综复杂的国际环境带来新矛盾新挑战。我国发展环境面临深刻复杂变化，不稳定性、不确定性已然形成逆风逆水的外部环境，给我国带来新矛盾新挑战。从经济全球化看，“十三五”开局时，世界多极化、经济全球化深入发展，保护主义只是出现了抬头的苗头，但到“十四五”开局时，经济全球化遭遇逆流，少数国家奉行单边主义、保护主义，随意脱离全球化、区域化组织，在全球肆意挑起经贸摩擦，已经对世界和平与发展构成实质性威胁。从经济复苏看，“十三五”开局时世界经济在深度调整中曲折复苏，即使全球经济贸易增长乏力，但仍在缓慢复苏进程中，但到“十四五”开局时，“黑天鹅”“灰犀牛”事件频发，突如其来的新冠肺炎疫情全球大流行，使得世界经济“深陷泥潭”，中国是2020年全球唯一实现正增长的国家。从全球治理变革看，“十三五”开局时虽然也受一些掣肘，但总体向合作、开放、包容转变，国际力量对比逐步趋向平衡，到“十四五”开局，非经济因素的冲击越发明显，特别是全球产业链供应链受到诸多非经济因素冲击，国际经济、科技、文化、安全、政治等格局都在发生深刻调整。

共享方面，民生保障存在短板，社会治理还有弱项。2021年，国家发展改革委等21部门发布了《国家基本公共服务标准（2021年版）》，但民生保障的短板较为突出，社会治理的弱项也比较明显。从教育看，城镇学校布局不合理，人口分布与学校布局矛盾凸显；县域义务教育不优质、不均衡，区域、城乡、校际、群体的教育质量差距仍存在；乡村学校的硬件基础设施投入不足，软件配套不够；随迁子女平等享受基本公共教育服务政策不完善，家庭经济困难学生资助体系不健全，特殊教育体系不完善等。从医疗看，我国的医改已初步建立了基本医疗卫生制度，但随着改革的深入，医疗卫生服务体系所存在的一些不完善、不协调之处也逐步显现，集中体现在医疗服务尚未以患者需求为核心布局，医疗资源和患者过分集中在城市地区的大型医疗机构，医药、医疗和医保制度缺乏有效衔接，导致群众看病难、负担重，医疗卫生服务体系整体运行效率较低。[①]从养老看，养老体系不健全，重点人群养老服务保障不充分；养老服务资源分散配置、重复建设，养老服务效率低下；养老服务标准体系不健全，监管机制不完善；养老服务专业人才队伍长效机制不健全，养老服务志愿者队伍机制不完善。从住房保障看，“房子是用来住的，不是用来炒的”定位已经初入人心，但土地政策、保障性住房供给、长租房和保障性租赁住房供给等，都需要加以完善。从社会救助保障看，2020年中央办公厅、国务院办公厅印发《关于改革完善社会救助制度的意见》，具体到各地方如何落实，还需要探索有效的路径。从社会治理看，公共服务由基层政府提供，社区

① 胡浩：《促进优质医疗资源下沉　推进基本医疗卫生服务均等化——解读国务院常务会议部署推进分级诊疗》，新华网，http：//www.xinhuanet.com/politics/2015-09/01/c_1116442523.htm.

日常由市场化方式提供，但基层组织弱化、悬浮化，基层组织和治理能力不足，会降低人民的幸福感和安全感。①

二、不断提高发展的平衡性、协调性、包容性

共同富裕立足于经济发展，要加快完善社会主义市场经济体制，推动发展更平衡、更协调、更包容。

一是提高区域发展的平衡性、协调性、包容性。一方面，实施区域重大战略和区域协调发展战略。党的十八大以来，以习近平同志为核心的党中央着眼全国“一盘棋”，启动实施区域重大战略，攻克了许多区域发展中长期存在的突出难题，从2015年的《京津冀协同发展规划纲要》到2016年的《长江经济带发展规划纲要》，再到2019年的《粤港澳大湾区发展规划纲要》《长江三角洲区域一体化发展规划纲要》，以及2021年的《黄河流域生态保护和高质量发展规划纲要》，目前已形成了以西部、东北、中部、东部四大板块为基础，以京津冀协同发展、长江经济带发展、粤港澳大湾区建设、长三角一体化发展、黄河流域生态保护和高质量发展等区域重大战略为引领的区域发展模式。另一方面，健全转移支付制度。转移支付制度是促进区域协调发展的重要方式，通过中央统筹，加大对欠发达地区的财力支持，不断缩小区域人均财政支出差异，逐步实现基本公共服务均等化。同时，健全区

① 支振锋：《补齐社会治理弱项需久久为功》，《环球时报》2020年11月26日。

域战略统筹、市场一体化发展、区域合作互助、区际利益补偿等机制，更好促进发达地区和欠发达地区、东中西部和东北地区共同发展。

二是提高行业发展的平衡性、协调性、包容性。一方面，加快垄断行业改革。我国的电网、电信、铁路、石油、天然气等重点行业，属于自然垄断行业，要深入实施《国企改革三年行动方案（2020—2022年）》，要放开竞争性业务，进一步引入市场竞争机制；房地产、互联网寡头、互联网金融等行业，存在资本无序扩张和垄断的趋势，要进一步完善公平竞争制度，加强和改进反垄断和反不正当竞争执法。[①]另一方面，推动金融、房地产同实体经济协调发展。房地产一半是金融，一半是实体经济，要正确认识和处理金融、房地产和实体经济的关系。要让金融回归服务实体经济的本源，全面提升服务效率和水平，把更多金融资源配置到经济社会发展的重点领域和薄弱环节，更好满足人民群众和实体经济多样化的金融需求；要优化结构，完善金融市场、金融机构、金融产品体系，引导金融业发展同经济社会发展相协调；要强化金融监管，提高防范化解金融风险能力，守住不发生系统性金融风险底线；要发挥市场在金融资源配置中的决定性作用，提高金融资源配置效率。[②]

---

① 郝鹏：《深入实施国企改革三年行动　推动国资国企高质量发展》，《求是》2021年第2期。

② 习近平：《深化金融改革　促进经济和金融良性循环健康发展》，《人民日报》2017年7月16日。

三是提高企业发展的平衡性、协调性、包容性。一方面，支持不同规模企业发展。不同规模企业在我国各领域承担着各自职责，特别是中小企业就像经济的毛细血管，在创造就业、技术创新等方面发挥着不可替代的作用，要支持中小企业发展，构建大中小企业相互依存、相互促进的企业发展生态。另一方面，支持不同性质企业发展。除了深化国有企业改革，促进集体经济企业、外资企业等发展，更要大力支持民营企业发展壮大。民营经济具有“五六七八九”的特征，即贡献了50%以上的税收，60%以上的国内生产总值，70%以上的技术创新成果，80%以上的城镇劳动就业，90%以上的企业数量。所谓“民营经济离场论”“新公私合营论”等说法是完全错误的，不符合党的大政方针。要减轻企业税费负担，要抓好供给侧结构性改革、降成本行动各项工作，实质性降低企业负担；要解决民营企业融资难融资贵问题，优先解决民营企业特别是中小企业融资难甚至融不到资问题，同时逐步降低融资成本；要营造公平竞争环境，为民营企业打造公平竞争环境，给民营企业发展创造充足市场空间；要完善政策执行方式，不断提高政策水平；要构建亲清新型政商关系，把支持民营企业发展作为一项重要任务；要保护企业家人身和财产安全，稳定预期。

第二节　着力扩大中等收入群体规模

共同富裕不是完全没有差别的同等富裕，一个健康的分配结构应该是“橄榄型”，中等收入群体是“橄榄型”分配结构的主体，不断扩大中等收入群体规模，有助于夯实共同富裕的基础。

一、“橄榄型”分配结构的基本特征

“橄榄型”分配结构的基本特征是中间大、两头小，即中等收入群体比重较大，高收入和低收入群体比重较小，这样的分配结构既保持了相对公平，又保持了效率，是相对健康的社会形态。

一方面，中等收入群体比重较大。中等收入群体一般指收入保持在全社会中等水平、就业相对稳定、生活相对宽裕的群体。[①]对于如何界定中等收入群体，目前没有统一的量化标准。从绝对标准看，主要有三类标准。第一类是世界银行经济学家米兰诺维克和伊扎基在2002年分析全球收入不平等时，把巴西年平均收入和意大利年平均收入作为全球中等收入群体标准的下限和上限，以世界银行2000年购买力平价（PPP）转换，把每人每天收入10～50美元作为中等收入群体的标准；第二类是美国布鲁金斯学

① 李培林：《怎样界定中等收入群体更准确》，《北京日报》2017年7月17日。

会的经济学家卡拉斯在2010年经济合作与发展组织（OECD）研究报告中提出，按购买力平价计算，每人每天收入10～100美元为中等收入群体；第三类是美国皮尤研究中心2015年的研究报告提出，全球中等收入群体的标准为按购买力平价计算每人每天收入10～20美元。从相对标准看，学术界做出了诸多探索。以收入分布的中位值或平均收入为基线，下限设定为50%～75%之间的一个点，上限设定为1.5倍至2.5倍之间的一个点。从二者对比来看，绝对标准模式主要反映的是达到一定生活水平（或收入水平）的人数及比例的增长趋势，相对标准模式是测量收入处于中间位置的人数比例增减情况，主要反映的是收入不平等的变化趋势。对中国而言，既要注重绝对标准下中等收入群体的增长趋势，又要注重相对标准下收入不平等的变化趋势。国家统计局以中国典型的三口之家年收入在10万～50万元之间为标准，测算出2017年中国有4亿人，约1.4亿个家庭，已经迈入中等收入群体，中等收入群体比重约占30%，与“橄榄型”分配结构的要求还存在较大差距。

另一方面，高收入和低收入群体比重较小。随着中等收入群体比重的逐渐上升，高收入和低收入群体比重会逐渐下降。高收入群体的存在具有必然性和必要性，必然性表现在，每个人的自身能力、努力程度、机遇环境存在差异，收入也必然会存在一定的差异，有些人收入高、有些人收入低，是一种正常现象；必要性表现在，尽管收入不同造成了一定的收入差距，但高收入群体对中低收入群体来说，会形成一种激励示范效应，鼓励中低收入群体不断努力提高收入。低收入群体的存在不可避免，但可以消除绝对贫困。经济合作与发展组织（OECD）在1976年的一份调查中，将一个国家或地区社会中位收入或平均收入的50%作为贫困线，世界银行2015年将国际贫困线标准定为按购买力平价计算，每人每天生活支出1.9美元，中国的贫困线标准是2011年的不变价农民人均年收入2300元，按照物价等指数进行折算，到2020年约为4000元。2021年2月25日，习近平总书记在全国脱贫攻坚表彰大会上庄严宣告，经过全党全国各族人民共同努力，在迎来中国共产党成立一百周年的重要时刻，我国脱贫攻坚战取得了全面胜利，现行标准下9899万农村贫困人口全部脱贫，832个贫困县全部摘帽，12.8万个贫困村全部出列，区域性整体贫困得到解决，完成了消除绝对贫困的艰巨任务，创造了又一个彪炳史册的人间奇迹！

二、重点和精准培育中等收入群体

中等收入群体十分广泛，涉及方方面面。从重点群体看，高校毕业生、技术工人、中小企业主和个体工商户、进城农民工、公务员特别是基层一线公务员及国有企事业单位基层职工等都属于中等收入群体，要精准施策，推动更多低收入人群迈入中等收入行列。

一是做好高校毕业生的就业工作。随着教育范围更加普及、教育质量更加提高，我国高校毕业生逐年增多。根据教育部的统计，1998年我国普通高校毕业生约为83万人，2001年突破100万人，到2021年普通高校毕业生已经达到909万人。面对严峻复杂的就业形势，要不断拓展市场性就业岗位，鼓励企业单位加大招聘规模，鼓励高校毕业生参与“大众创业、万众创新”；要开发落实政策性就业岗位，鼓励高校毕业生走向基层、走向中西部地区，保持公务员、中小学幼儿园等事业单位和国有企业招录规模基本稳定；要充分发挥高等教育人才“蓄水池”、就业“缓冲器”作用，统筹推进扩大升学规模与优化学科专业结构、培养更多应用型复合型人才。①

二是做好技术工人的培育工作。中国连续10多年是世界上最大的制造业国家，根据世界银行的统计，2020年中国制造业增加值占GDP比重高达26.2%，而日本为20.3%（2019年），德国为18.1%（2020年），欧盟为14.2%（2020年），美国仅有10.9%（2019年），中国是名副其实的世界第一制造业大国。在高质量发展的要求下，未来要迈向制造业强国，离不开技术工人的支撑。2017年中共中央、国务院印发了《新时期产业工人队伍建设改革方案》，围绕加强和改进产业工人队伍思想政治建设、构建产业工人技能形成体系、运用互联网促进产业工人队伍建设、创新产业工人发展制度、强化产业工人队伍建设支撑保障5个方面，提

① 赵婀娜：《全力开发落实政策性岗位——稳住高校毕业生就业“基本盘”》，《人民日报》2021年5月31日。

出了25条改革举措。要加大技能人才培养力度，随着时代变迁，就业也出现了许多新模式、新业态，新兴职业不断涌现，但即使制造业不断进行数字化、智能化转型升级，仍然需要一定数量的技能工人，需要进一步加大培养力度；要提高技术工人工资待遇，实现技术工人收入增长和经济发展同步、劳动报酬增长和劳动生产率提高同步；要吸引更多高素质人才加入技术工人队伍，不仅在数量上培育更多技术工人，还要在质量上提高技术工人的素质，吸引更多高素质人才成为高质量技术工人。

三是做好中小企业主和个体工商户的服务工作。根据国家统计局的统计，2019年我国私营企业达到3516万户，其中绝大多数为中小企业，2020年我国个体工商户达到9287.2万户，中小企业主和个体工商户共同构成庞大的群体，稳住中小企业主和个体工商户的经营，确保中小企业主和个体工商户持续增收，是扩大中等收入群体比重的重要方面。要改善营商环境，目前还存在一些来自企业规模、资质许可、本地保护、所有制性质等方面的隐性壁垒，这极大挫伤了中小企业参与市场竞争的积极性，要进一步清理隐性壁垒，为中小企业提供更加公平公正、公开透明的市场竞争环境；要减轻税费负担，新冠肺炎疫情发生初期，各级政府出台针对中小企业减税降费的措施，取得了较好的效果，未来可不断完善减税降费政策，进一步推动减税降费落到实处；提供更多市场化的金融服务，“融资难、融资贵”的现象仍普遍存在，特别是中小企业因规模小、资产轻等特征，难以获得银行贷款，要打造更加普惠便捷的融资环境，通过强化金融扶持、丰富融资渠道、加大贷款风险补偿力度、建立健全信用监管体系等方式，多措并举打出“组合拳”。①

四是做好进城农民工的落户工作。根据国家统计局的统计，2020年我国农民工达到2.856亿人，其中外出农民工为1.6959亿人，占59.4%，本地农民工为1.1601亿人，占40.6%。农民工进城落户是我国推进城镇化建设的重要方式，新型城镇化强调“以人为核心”，农民工“进城落户”是重要方面。要深化户籍制度改革，目前仍有2亿多农业转移人口没有在城市落户，部分已经落户的还存在市民化质量不高问题，推进农业转移人口市民化仍是新型城镇化的首要任务。要继续降低落户门槛，放开放宽除个别超大城市外的城市落户限制，试行以经常居住地登记户口制度，推动稳定就业居住的农业转移人口有序落户。同时，还要解决好农业转移人口随迁子女教育等问题，推动常住人口均等享有城镇基本公共服务，健全以居住证为载体、与居住年限等条件相挂钩的基本公共服务提供机制，鼓励地方政府提供更多基本公共服务和办事便利，提高居住证持有人城镇义务教育、住房保障等服务的实际享有水平，推动非户籍常住人口逐步享有与户籍人口同等的基本公共服务。②

---

① 马晓白、刘小溪：《优化营商环境　护航中小企业》，《光明日报》2021年4月24日。

② 发改委：《深化户籍制度改革　有序推进农业转移人口市民化》，中国新闻网，http://www.chinanews.com.cn/cj/2021/03-08/9427213.shtml.

五是做好基层公务员和国有企事业单位职工的待遇工作。根据人力资源和社会保障部发布的《2020年度人力资源和社会保障事业发展统计公报》，2020年全国公开招聘事业单位工作人员82.4万人，其中中央事业单位6.4万人，地方事业单位76万人。要适当提高公务员特别是基层一线公务员及国有企事业单位基层职工工资待遇。

三、增加财产性收入

可支配收入包括工资性收入、经营性收入、财产性收入和转移性收入。除了要不断提高工资性收入，还要根据2016年中共中央、国务院印发的《关于完善产权保护制度依法保护产权的意见》，健全增加城乡居民财产性收入的各项制度。

一是增加城乡居民住房类财产性收入。坚持“房子是用来住的、不是用来炒的”定位，租购并举、因城施策，促进房地产市场平稳健康发展。研究住宅建设用地等土地使用权到期后续期的法律安排，推动形成全社会对公民财产长久受保护的良好和稳定预期。不断推动住房租赁市场发展，2021年财政部、税务总局、住房和城乡建设部发布《关于完善住房租赁有关税收政策的公告》，进一步降低了住房租赁市场的税收，有助于鼓励城乡居民将闲置住房投放至住房租赁市场。

二是增加农村土地类财产性收入。深化农村土地制度改革，坚持土地公有制性质不改变、耕地红线不突破、粮食生产能力不减弱、农民利益不受损的底线，从实际出发，因地制宜，落实承包地、宅基地、集体经营性建设用地的用益物权，赋予农民更多财产权利，增加农民财产收益。健全城乡统一的建设用地市场，积极探索实施农村集体经营性建设用地入市制度；建立土地征收公共利益用地认定机制，缩小土地征收范围；探索宅基地所有权、资格权、使用权分置实现形式；保障进城落户农民土地承包权、宅基地使用权、集体收益分配权，鼓励依法自愿有偿转让。

三是增加金融资产类财产性收入。深化金融改革，推动金融创新，鼓励创造更多支持实体经济发展，使民众分享增值收益的金融产品，增加民众投资渠道。目前银行储蓄、债券、保险和理财产品仍然是居民金融类财产性收入的主要来源，当然还有一些来源于股票、期货、黄金和外汇市场的收益。要增加金融产品供给，不断推出流动性、安全性、收益性相统一的金融产品；要规范资产市场发展，重视保护投资者特别是中小投资者的合法权益；要加强上市公司监管，规范可持续回报股东的分红制度。

第三节　促进基本公共服务均等化

低收入群体是促进共同富裕的重点帮扶保障人群，要以这一群体为重点，促进基本公共服务均等化，让全体公民能公平可及地获得大致均等的基本公共服务，不断提升人民群众的获得感、幸福感和安全感。

一、加大教育投入

建设高质量的教育体系，是促进基本公共服务均等化的重要内容。既要从总量上增加教育支出，又要从结构上加大普惠性大力资本投入。

一方面，从总量上增加教育支出。我国教育支出总量有待提升。从纵向看，我国教育支出逐年增加。我国国家财政性教育经费从2001年的3057亿元，增加至2020年的40047亿元，年均增速达到14.5%。从横向看，我国教育支出与其他国家相比还有差距。2020年我国国家财政性教育经费占GDP比重为4.05%，2012年以来均保持在4%以上，最高年份为4.3%（2012年）。而根据世界银行的统计，2003—2018年世界平均教育支出占GDP比重也在4%以上，我国只与世界平均大体相当，2018年欧盟平均教育支出占GDP比重高达4.63%，此前有些年份甚至超过5%，与发达国家相比，我国教育支出还有一定的差距。要分阶段提高教育支出占GDP比重，除了要确保教育支出占GDP比重不低于4%的目标，更要分不同阶段，逐渐提高教育支出占GDP比重；要落实教育支出法定增长要求，按照《教育法》等法律法规的规定，各级政府特别是地方政府，在安排公共财政支出预算时，尽可能地向教育支出倾斜，优先安排教育拨款，确保财政教育支出增长幅度明显高于财政经常性收入增长幅度；要提高预算内基建投资用于教育的比重，把支持教育事业发展作为公共投资的重点，在编制基建投资计划、实施基建投资项目时，充分考虑教育的实际需求，确保用于教育的预算内基建投资明显增加，不断健全促进教育事业发展的长效保障机制。①

另一方面，从结构上加大普惠性人力资本投入。我国教育支出在结构上还存在一些差距。从区域对比看，2019年北京普通小学的生均公共财政预算教育事业费为33775元，同为直辖市的上海、天津、重庆分别只有24539、19480、12154元，河南普通小学的生均公共财政预算教育事业费仅为6951元，不同区域差距较大。从城乡对比看，2019年普通小学的生均公共财政预算教育事业费为11197元，而农村地区为10681元，二者相差516元；2019年普通初中的生均公共财政预算教育事业费为16009元，而农村地区为14542元，二者相差1467元。需要从结构上加大普惠性人力资本投入。要有效减轻困难家庭教育负担，提高低收入群众子女受教育水平，使人民群众能够共享加大财政教育投入和教育改革发展的成果，保障公民依法享有受教育的权利；要大力支持全面普及学前教育，推动义务教育均衡发展，加快普及高中阶段教育，不断加强职业教育能力建设，持续提升高等教育质量，继续健全家庭经济困难学生资助政策体系；要统筹城乡、区域之间教育协调发展，重点向农村地区、边远地区和民族地区倾斜，加快缩小教育差距。

① 国务院：《关于进一步加大财政教育投入的意见》（国发〔2011〕22号）。

二、完善养老和医疗保障体系

国际上通常将60岁及以上人口占总人口比重达到10%，或者65岁及以上人口占总人口比重达到7%，作为一个国家或地区进入老龄化社会的标准。第七次全国人口普查公报显示，2020年我国60岁及以上人口占总人口比重为18.7%，65岁及以上人口占总人口比重为13.5%，“未富先老”的严峻形势给养老和医疗保障带来巨大的压力和挑战。

一是要深刻把握养老和医疗保障的成就。20世纪90年代以来，我国快速推进社会养老保险相关的制度建设，取得显著的成绩。按照地域、人群和保障内容，迄今已经形成了与社会养老保险相关的六个板块，分别为城镇职工养老保险制度、城镇职工医疗保险制度、城镇居民社会养老保险制度、城镇居民医疗保险制度、新型农村居民养老保险制度、新型农村合作医疗保险制度。随着这六个板块的建立，中国基本实现了从单位养老保险（城市）和家庭养老（农村）向社会养老保险的制度转变，并且从制度上实现了对人口的全面覆盖。[①]党的十八大以来，党中央把社会保障体系建设摆上更加突出的位置，对我国社会保障体系建设作出顶层设计，推动我国社会保障体系建设进入快车道。统一城乡居民基本养老保险制度，实现机关事业单位和

---

①《中国人口与劳动问题报告No.15》，社会科学文献出版社2015年版，第137页。

企业养老保险制度并轨，建立企业职工基本养老保险基金中央调剂制度。整合城乡居民基本医疗保险制度，全面实施城乡居民大病保险，组建国家医疗保障局。推进全民参保计划，降低社会保险费率，划转部分国有资本充实社保基金。积极发展养老、托幼、助残等福利事业，人民群众不分城乡、地域、性别、职业，在面对年老、疾病、失业、工伤、残疾、贫困等风险时都有了相应制度保障。①

二是要全面认识养老和医疗保障面临的挑战。老龄化是一个世界性难题，各国都面临养老和医疗保障的挑战。一方面，养老和医疗保险尚未实现全覆盖。目前，我国以社会保险为主体，包括社会救助、社会福利、社会优抚等制度在内，功能完备的社会保障体系基本建成，基本医疗保险覆盖13.6亿人，基本养老保险覆盖近10亿人，是世界上规模最大的社会保障体系。但我国总人口超过14亿多人，还有一部分人口并未被纳入基本医疗保险、基本养老保险。另一方面，农村养老和医疗保障是我国养老和医疗保障体系的短板。新型农村合作医疗筹资水平较低，带来较低的补偿水平和保障能力，各地区补偿水平存在差异，有的省区市超过50%，有的省区市不到50%，并且异地就医和报销手续繁琐，使其在分散疾病风险、减轻农民疾病负担方面的作用有限。新型农村社会养老保险的参保激励不足，规定的缴费标准设为每年

---

①《习近平在中共中央政治局第二十八次集体学习时强调　完善覆盖全民的社会保障体系　促进社会保障事业高质量可持续发展》,《人民日报》2021年2月28日。

100、200、300、400、500元5个档次，绝大多数参保农民选择最低缴费档次，县级统筹的新型农村社会养老保险基金的可持续性也存在一定问题。①

三是要不断完善养老和医疗保障体系。我国社会保障制度改革已进入系统集成、协同高效的阶段，要准确把握社会保障各个方面之间、社会保障领域和其他相关领域之间改革的联系，提高统筹谋划和协调推进能力，确保各项改革形成整体合力。要强化问题导向，紧盯老百姓在社会保障方面反映强烈的烦心事、操心事、揪心事，不断推进改革。要加快发展多层次、多支柱养老保险体系，更好满足人民群众多样化需求。要推动基本医疗保险、失业保险、工伤保险省级统筹，进一步明确中央和地方事权和支出责任。要把农村社会救助纳入乡村振兴战略统筹谋划，健全农村社会救助制度，完善日常性帮扶措施。要健全农民工、灵活就业人员、新业态就业人员参加社会保险制度，健全退役军人保障制度，健全老年人关爱服务体系，完善帮扶残疾人、孤儿等社会福利制度。要坚持不懈、协同推进"三医联动"，推进国家组织药品和耗材集中带量采购改革，深化医保支付方式改革，提高医保基金使用效能。②

---

①《中国人口与劳动问题报告No.15》，社会科学文献出版社2015年版，第144—145页。

②《习近平在中共中央政治局第二十八次集体学习时强调　完善覆盖全民的社会保障体系　促进社会保障事业高质量可持续发展》，《人民日报》2021年2月28日。

三、完善兜底救助体系

社会救助体系是社会保障体系的重要组成部分，作为兜底性、基础性制度，社会救助在推动共同富裕中，发挥着调整资源配置、促进社会公平、维护社会稳定的作用。改革和完善兜底救助体系，是巩固脱贫攻坚成果、建立解决相对贫困长效机制的重大制度安排。中共中央办公厅、国务院办公厅2020年印发《关于改革完善社会救助制度的意见》，对完善兜底救助体系，加快缩小社会救助的城乡标准差异，逐步提高城乡最低生活保障水平，兜住基本生活底线，作出了明确的规定。

一是建立健全分层分类的社会救助体系。构建政府主导、社会参与、制度健全、政策衔接、兜底有力的综合救助格局，以基本生活救助、专项生活救助、急难社会救助为主体，社会力量参与为补充，建立健全分层分类的救助制度体系。针对不同群体，打造多层次救助体系。创新社会救助方式，形成“物质+服务”的救助方式，探索政府购买服务的方式，完善类别化、差异化救助方式。推进社会救助制度城乡统筹，加快实现城乡救助服务均等化。

二是夯实基本生活救助。完善基本生活救助制度，规范完善最低生活保障制度，分档或根据家庭成员人均收入与低保标准的实际差额发放低保金。规范基本生活救助标准调整机制，综合考虑居民人均消费支出或人均可支配收入等因素，结合财力状况合理制定低保标准和特困人员供养标准并建立动态调整机制，完善社会救助和保障标准与物价上涨挂钩的联动机制。加强分类动态管理，健全社会救助对象定期核查机制。

三是健全专项社会救助。健全医疗救助制度，健全医疗救助对象动态认定核查机制，完善疾病应急救助。健全教育救助制度，根据不同教育阶段需求和实际情况，以多种方式给予相应的教育救助。健全住房救助制度，对符合规定标准的住房困难的低保家庭、分散供养的特困人员实施住房救助。健全就业救助制度，为社会救助对象优先提供公共就业服务，确保零就业家庭实现动态“清零”。健全受灾人员救助制度，健全自然灾害应急救助体系，逐步建立与经济社会发展水平相适应的自然灾害救助标准调整机制。发展其他救助帮扶，鼓励各地根据城乡居民遇到的困难类型，适时基于相应救助帮扶，做好法律援助、司法救助、取暖救助、重点人群救助等方面的服务。

四是完善急难社会救助。强化急难社会救助功能，根据困难情况制定临时救助标准，分类分档予以救助，探索由急难发生地实施临时救助。完善临时救助政策措施，将临时救助分为急难型临时救助和支出型临时救助，增强救助时效性，必要时启动县级困难群众基本生活保障工作协调机制进行“一事一议”审批。加强和改进生活无着流浪乞讨人员救助管理，强化地方党委和政府属地管理职责，完善源头治理和回归稳固机制，积极为临时遇困人员提供救助。做好重大疫情等突发公共事件困难群众急难救助工作。

五是促进社会力量参与。发展慈善事业，鼓励支持自然人、法人及其他组织自愿开展慈善帮扶活动，动员引导慈善组织加大社会救助方面支出。引导社会工作专业理论参与社会救助，通过多种方式鼓励社会工作服务机构和社会工作者协助社会救助部门开展各项事务，鼓励引导以社会救助为主的服务机构按一定比例设置社会工作专业岗位。促进社会救助领域志愿服务发展，支持引导志愿服务组织、社会爱心人士开展扶贫济困志愿服务。推进政府购买社会救助服务，完善政府购买社会救助服务政策措施，制定政府购买社会救助服务清单。

四、完善住房供应和保障体系

坚持“房子是用来住的、不是用来炒的”定位，租购并举，因城施策，完善长租房政策，扩大保障性租赁住房供给，重点解决好新市民住房问题。

一是控制房价过快过高增速。房地产一面是实体经济，一面是金融，从20世纪80年代开始，金融自由化浪潮推动美国房地产市场发展，也带来“虚假繁荣”，2008年国际金融危机最初就源于2007年美国的次贷危机。2020年8月，中国人民银行、住房和城乡建设部都出台了重点房企资金监测和融资管理的“三线四档”规则，用剔除预收款的资产负债率不得大于70%、净负债率不得大于100%、现金短债比不得小于1倍三项核心指标作为

“三条红线”，将房企划分为红色、橙色、黄色、绿色四个档位[①]。2020年12月，中国人民银行、银保监会联合印发了《关于建立银行业金融机构房地产贷款集中度管理制度的通知》，分档设置了房地产贷款余额占比和个人住房贷款余额占比两个上限，对超过上限的金融机构设置过渡期，并建立区域差别化调节机制。在严监管政策下，房地产金融乱象整治已取得明显成效，房价过快过高增速的势头得到遏制，房地产市场逐步走向健康发展。

二是完善长租房政策。自如研究院和新华网发布的《2021中国城市租住生活蓝皮书》指出，预计在2030年中国租房人口将达到2.6亿，住房租赁市场规模近10万亿元，将迎来行业发展的“黄金十年”。人口加快向城市群及中心城市等优势发展空间迁移，规模庞大、年轻、教育程度高的“长租人”群体正在“崛起”，在一些房价较高的城市，相比于背负长期房贷压力，长租房更易获得新市民的青睐。“十四五”规划明确提出“完善长租房政策”，要尽快实施《住房租赁条例》，加快培育和发展住房租赁市场，有效盘活存量住房资源，有力有序扩大城市租赁住房供给，逐步使租购住房在享受公共服务上具有同等权利。

三是构建以保障性租赁住房和共有产权住房为主体的住房保障体系。保障性租赁住房包括公租房和政策性租赁住房，其中

---

① 红色档表示如果三条红线都触碰到了，则不得新增有息负债；橙色档表示如果碰到两条线，负债年增速不得超过5%；黄色档表示碰到一条线，负债年增速不得超过10%；绿色档表示三条线都未碰到，负债年增速不得超过15%。

公租房主要面向城镇户籍住房和收入“双困”家庭，政策性租赁住房主要面向人口净流入的大城市的无房新市民。要加快完善土地、财税、金融等支持政策，可以单列租赁住房用地计划，也可以探索利用集体建设用地和企事业单位自有闲置土地建设租赁住房等，2020年7月，全国首个集体土地租赁房在北京丰台正式运营，这是积极有益的探索。共有产权住房是指政府提供政策支持，组织建设单位建设，销售价格低于同地段、同品质商品住房价格水平，并限制使用范围和处分权利，实行政府与购房人按份共有产权的政策性商品住房，北京、上海、广州等城市都有所探索，取得了较为显著的效果。

第四节　促进人民精神生活共同富裕

习近平总书记强调，促进共同富裕与促进人的全面发展是高度统一的。人的全面发展既包括物质资料极大丰富，又包括人民精神境界极大提高，还包括每个人自由而全面发展，这是马克思、恩格斯对共产主义社会的伟大设想。

一、强化社会主义核心价值观引领

核心价值观是一个民族赖以维系的精神纽带，是一个国家共同的思想道德基础。如果没有共同的核心价值观，一个民族、一个国家就会魂无定所、行无依归。[①]

一是认识社会主义核心价值观的内涵。党的十八大以来，以习近平同志为核心的党中央高度重视培育和践行社会主义核心价值观。习近平总书记曾这样总结24字的社会主义核心价值观：富强、民主、文明、和谐是国家层面的价值要求，自由、平等、公正、法治是社会层面的价值要求，爱国、敬业、诚信、友善是公民层面的价值要求。这个概括，实际上回答了我们要建设什么样的国家、建设什么样的社会、培育什么样的公民的重大问题。三个层面的含义既有区别，又有联系，区别在于是从不同层面提出不同要求，联系在于不同层面的价值要求统一于社会主义核心价值观，承载着民族和国家的精神追求，成为推动民族文化进步、国家发展壮大最持久、最深沉的力量。这其中，最深层、最根本、最永恒的是爱国主义，要强化社会主义核心价值观引领，加强爱国主义、集体主义、社会主义教育。

二是把握新时代人民精神文化需求。改革开放以来，我国经济社会快速发展，人民生活水平快速提高，同时也正处于思想大活跃、观念大碰撞、文化大交融的时代，出现了不少问题。其中比较突出的一个问题就是一些人价值观缺失，观念没有善恶，行为没有底线，什么违反党纪国法的事情都敢干，什么缺德的勾当都敢做，没有国家观念、集体观念、家庭观念，不讲对错，不

① 习近平：《在文艺工作座谈会上发表重要讲话》，人民出版社2015年版，第22页。

问是非，不知美丑，不辨香臭，浑浑噩噩，穷奢极欲。[①]进入新时代，人民的精神文化需求日益旺盛，多样化、差异化特征日益显现，精神文化领域发展不平衡不充分的问题比较突出。与此同时，社会思想观念和价值取向日趋活跃，主流的和非主流的并存，先进的和落后的交织，社会思潮纷纭激荡，拜金主义、享乐主义、消费主义、极端个人主义、历史虚无主义等错误思想在一定程度上干扰着精神文明建设，影响着整个社会文明水平的提高，影响着人民精神生活的共同富裕。[②]

三是强化社会主义核心价值观的引领。要在国家层面培育和践行富强、民主、文明、和谐，推动物质文明发展和精神文明协调发展，使精神文明高度适应物质文明发展水平的同时，又使精神文明积极反作用于物质文明发展。要在社会层面培育和践行自由、平等、公正、法治，不断满足人民对美好生活的向往，持续提高人民的获得感、幸福感、安全感。要在公民层面培育和践行爱国、敬业、诚信、友善，不断提高人民的道德素养，提高社会的整体文明程度。

二、发展公共文化事业和完善公共文化服务体系

优质的公共文化服务是人民美好生活的重要组成部分，要大

① 习近平：《在文艺工作座谈会上发表重要讲话》，人民出版社2015年版，第22页。

② 秦宣：《用社会主义核心价值观引领人民精神生活共同富裕》，《光明日报》2021年11月10日。

力发展公共文化事业，完善公共文化服务体系，不断满足人民群众多样化、多层次、多方面的精神文化需求。

一方面，认识公共文化事业和公共文化服务体系取得的重要成就。党的十八大以来，我国基本建成了公共文化服务体系，具体表现在三个方面。[①]一是公共文化服务的顶层设计日趋完善。党的十八届三中全会明确提出“构建现代公共文化服务体系”的战略任务。2015年初，中共中央办公厅、国务院办公厅印发《关于加快构建现代公共文化服务体系的意见》，全面部署构建现代公共文化服务体系的工作。2016年12月，正式颁布《公共文化服务保障法》，这是文化领域一部具有“四梁八柱”性质的重要法律，首次以法律的形式明确各级人民政府是承担公共文化服务工作的责任主体，规定政府在公共文化设施建设和公共文化服务组织、管理、提供、保障中的职责，构建现代公共文化服务体系的基本法律制度，此后浙江、天津、上海等地相继出台公共文化服务保障与促进条例。2014年3月，时为文化部牵头、25个部门参加的国家公共文化服务体系建设协调组正式成立，统筹协调公共文化事业发展和公共文化服务体系完善。2021年，印发《关于推动公共文化服务高质量发展的意见》，通过顶层制度设计，为“十四五”时期推动全国公共文化服务高质量发展提供了政策依据和行动指南。二是公共文化服务体系的标准化、均等化建设不

① 张永新：《着力提升人民文化获得感——中国公共文化服务这5年》，《人民日报》2017年9月29日。

断加强。2015年，印发《国家基本公共文化服务指导标准》，各地相继出台基本公共文化服务实施标准，形成了既有基本共性又有特色个性、上下衔接的标准指标体系。同时，针对不同区域、不同群体，分别出台相关规划纲要、指导意见和实施方案，包括《“十三五”时期贫困地区公共文化服务体系建设规划纲要》《关于进一步做好为农民工文化服务工作的意见》《关于推进基层综合性文化服务中心建设的指导意见》《关于推进县级文化馆图书馆总分馆制建设的指导意见》《关于深入推进公共文化机构法人治理结构改革的实施方案》等，对加强公共文化服务体系的标准化、均等化，有着重要的意义。三是发展活力不断增强。政府在公共文化服务中占据主导地位，但公共文化服务需要政府、市场、社会共同参与，为此2015年出台《关于做好政府向社会力量购买公共文化服务工作的意见》，明确要求将购买公共文化服务资金列入各级政府财政预算，逐步加大现有财政资金向社会力量购买公共文化服务的投入力度。此外，借助“互联网+”的力量，通过全国文化信息资源共享工程、数字图书馆推广工程等工程，以及边疆万里数字文化长廊等项目，大大提高公共文化服务的受众范围和便捷程度，更可以提供个性化、“订单式”服务。

另一方面，继续发展公共文化事业和完善公共文化服务体系。目前，我国公共文化服务水平仍然有待提高，特别是体系不完善、发展不均衡、效能不高的问题还比较突出，要有针对性地施策。一是加大对公共文化的结构性支持力度。落实公共文化领域中央与地方财政事权和支出责任划分改革方案，推动各级财政完善保障机制，把基本公共文化产品和服务项目纳入各级政府预算，全面实施公共文化服务领域预算绩效管理，强化绩效评价结果应用，发挥财政资金最大效益。[①]同时，要发挥转移支付的作用，将公共文化支出向基层地区、边远地区、欠发达地区等倾斜。二是积极引入市场和社会参与公共文化事业。上海市嘉定区安亭镇文体活动中心方泰分中心是上海首家采用“公共项目+社会运作”模式的文体场所，政府提供场馆、设施等硬件，专业化的公司负责运营管理和服务内容提供，并承诺提供一定数量符合标准的服务内容，同时当地政府还引入了第三方监督机制。这种“公共项目+社会运作”的模式，改变了公共文化服务“政府包揽却不专业、不贴近群众实际需求”的缺陷，通过引入社会专业机构和专业人士参与运营管理，达到共治、共享的社会效果，未来要不断创新市场和社会参与公共文化事业的模式。三是创新运用“互联网+”的技术手段。上海通过打造“文化上海云”，运用云计算、云存储技术，把市、区、社区三个层级的公共文化服务纳入总门户平台，让海量的公共文化信息形成公共文化大数据，重庆市创建了“公共文化物联网”，集中配送全市公共文化资源、产品、活动，这些都是创新运用“互联网+”技术的具体实践，

① 文化和旅游部、国家发展改革委、财政部：《关于推动公共文化服务高质量发展的意见》（文旅公共发〔2021〕21号），2021年3月8日。

取得了较好的效果，未来应继续创新。[①]

三、加强促进共同富裕舆论引导

全面把握和深刻理解共同富裕的内涵、特征，澄清各种模糊认识，防止急于求成和畏难情绪，为促进共同富裕提供良好舆论环境。

其一，共同富裕不是同步富裕。共同富裕不意味着同步富裕，同步富裕不符合发展规律。早在1978年，邓小平就提出“在经济政策上，我认为要允许一部分地区、一部分企业、一部分工人农民，由于辛勤努力成绩大而收入先多一些，生活先好起来。一部分人生活先好起来，就必然产生极大的示范力量，影响左邻右舍，带动其他地区、其他单位的人们向他们学习。这样，就会使整个国民经济不断地波浪式地向前发展，使全国各族人民都能比较快地富裕起来”[②]。1983年，邓小平提出“农村、城市都要允许一部分人先富裕起来，勤劳致富是正当的。一部分人先富裕起来，一部分地区先富裕起来，是大家都拥护的新办法，新办法比老办法好”[③]。1985年，在会见美国时代公司组织的美国高级企业代表团时，邓小平提出“一部分地区、一部分人可以先富起来，

---

① 韩业庭:《奏响文化惠民的新乐章——十八大以来我国构建现代公共文化服务体系成就述评》,《光明日报》2017年9月29日。

②《邓小平文选》第2卷，人民出版社1994年版，第152页。

③《邓小平文选》第3卷，人民出版社1993年版，第23页。

带动和帮助其他地区、其他的人，逐步达到共同富裕”[①]。

其二，共同富裕不是同等富裕。共同富裕不意味着同等富裕，不是整齐划一的平均主义。我国自古以来就有“天下大同”“不患寡而患不均，不患贫而患不安”的共同富裕思想。但是，共同富裕不是绝对的平均主义。1929年，毛泽东在起草《关于纠正党内的错误思想》时就提出，“绝对平均主义不但在资本主义没有消灭的时期，只是农民小资产者的一种幻想；就是在社会主义时期，物质的分配也要按照‘各尽所能按劳取酬’的原则和工作的需要，决无所谓绝对的平均。”[②]历史的经验教训表明，整齐划一的平均主义既不科学，也不可行，需要在舆论上特别宣传和强调。

其三，共同富裕不是杀富济贫。共同富裕是在全面建成小康社会的基础上，继续做大蛋糕、分好蛋糕，从增量上下更大功夫。构建初次分配、再分配、三次分配协调配套的基础性制度，强调三次分配在实现共同富裕中的作用，不是为了杀富济贫，而是号召先富起来的地区、先富起来的人充分发挥主观能动性，带动后富起来的地区、后富起来的人共同发展、共同致富。要在舆论上加大宣传解读力度，强调《宪法》中关于“公民的合法的私有财产不受侵犯”，强调产权保护，营造更加积极的先富带动后富的环境。

---

①《邓小平文选》第3卷，人民出版社1993年版，第149页。

②《毛泽东选集》第1卷，人民出版社1991年版，第91页。

第五节　促进农民农村共同富裕

农村在我国经济社会发展中发挥着重要的作用，但发展程度相对落后于城市。促进共同富裕，最艰巨、最繁重的任务仍然在农村，要促进农民农村共同富裕。

一、巩固拓展脱贫攻坚成果

我国实现了现行标准下农村贫困人口全部脱贫，贫困县全部摘帽，消除了绝对贫困和区域性整体贫困，这是中国共产党创造的辉煌成就，彪炳人类减贫史册。

一方面，全面认识我国脱贫攻坚成果。[①]从贫困群众生活水平看，贫困人口全部实现“两不愁三保障”，建档立卡贫困人口人均纯收入从2015年的2982元增加到2020年的10740元，生活水平显著提高。从贫困地区基础设施看，历史性地解决了贫困地区群众行路难、吃水难、用电难、通信难等问题，基础设施得到显著改善。从贫困地区公共服务水平看，义务教育阶段控辍保学实现动态清零，小病拖、大病扛现象和看病难、看病贵问题明显改观，综合保障体系逐步健全。从贫困地区经济社会发展看，特色产业不断壮大，新业态蓬勃发展，生态环境明显改善，地区生产

① 中共国家乡村振兴局党组：《人类减贫史上的伟大奇迹》，《求是》2021年第4期。

总值持续保持较快增长，人均一般公共预算财政收入年均增幅高于同期全国平均水平，东西部扶贫协作推进劳动密集型产业梯度转移，促进了区域经济协调发展。从贫困群众精神面貌看，实行扶贫和扶志扶智相结合，通过开发式扶贫，帮助有劳动能力的贫困群众增强技能、发展产业、稳定就业，贫困群众自主脱贫能力稳步提高。从农村党建看，通过抓党建促脱贫攻坚和开展精准扶贫精准脱贫，基层党组织凝聚力战斗力不断增强，基层干部能力明显提高，集体经济不断发展壮大。从对全球减贫事业贡献看，全球仍有7亿左右极端贫困人口，许多国家贫富分化加剧，我国如期打赢脱贫攻坚战，提前10年实现《联合国2030年可持续发展议程》相关减贫目标，彰显了中国共产党领导和社会主义制度的显著优势，我国探索创造的精准扶贫和开发式扶贫的理论与实践，为全球减贫事业贡献了中国智慧和中国方案。

另一方面，实现巩固拓展脱贫攻坚成果同乡村振兴有效衔接。2021年3月，中共中央、国务院印发《关于实现巩固拓展脱贫攻坚成果同乡村振兴有效衔接的意见》，通过设立5年过渡期，对进一步巩固拓展脱贫攻坚成果，接续推动脱贫地区发展和乡村全面振兴，提出了具体的要求。其一，建立健全巩固拓展脱贫攻坚成果长效机制。保持主要帮扶政策总体稳定，健全防止返贫动态监测和帮扶机制，巩固“两不愁三保障”成果，做好易地扶贫搬迁后续扶持工作，加强扶贫项目资产管理和监督。其二，聚力做好脱贫地区巩固拓展脱贫攻坚成果同乡村振兴有效衔接重点工作。支持脱贫地区乡村特色产业发展壮大，促进脱贫人口稳定就业，持续改善脱贫地区基础设施条件，进一步提升脱贫地区公共服务水平。其三，健全农村低收入人口常态化帮扶机制。加强农村低收入人口监测，分层分类实施社会救助，合理确定农村医疗保障待遇水平，完善养老保障和儿童关爱服务，织密兜牢丧失劳动能力人口基本生活保障底线。其四，着力提升脱贫地区整体发展水平。在西部地区脱贫县中集中支持一批乡村振兴重点帮扶县，坚持和完善东西部协作和对口支援、社会力量参与帮扶机制。其五，加强脱贫攻坚与乡村振兴政策有效衔接。做好财政投入政策衔接，做好金融服务政策衔接，做好土地支持政策衔接，做好人才智力支持政策衔接。

二、全面推进乡村振兴

脱贫摘帽不是终点，而是新生活、新奋斗的起点，脱贫攻坚目标任务完成后，“三农”工作重心将实现向全面推进乡村振兴的历史性转移。2021年4月，全国人大颁布《乡村振兴促进法》，以法律的形式确立全面推进乡村振兴的重要地位和意义。要全面推进乡村振兴，加快农业产业化，盘活农村资产，增加农民财产性收入，使更多农村居民勤劳致富。

一方面，加快农业产业化发展。国家层面，不断完善产业发展的基础性制度建设。完善农村集体产权制度，建立农用地分类管理制度，采取措施优化农业生产力布局、调整农业结构，加强农业种质资源保护利用和种质资源库建设，采取措施加强农业科技创新，加强农业技术推广体系建设，鼓励农业机械生产研发和推广应用。地方层面，加大产业发展力度。发挥农村资源和生态优势，支持特色农业、休闲农业、现代农产品加工业、乡村手工业、绿色建材、红色旅游、乡村旅游、康养和乡村物流、电子商务等乡村产业的发展；引导新型经营主体通过特色化、专业化经营，合理配置生产要素，促进乡村产业深度融合；支持特色农产品优势区、现代农业产业园、农业科技园、农村创业园、休闲农业和乡村旅游重点村镇等的建设；统筹农产品生产地、集散地、销售地市场建设，加强农产品流通骨干网络和冷链物流体系建设；鼓励企业获得国际通行的农产品认证，增强乡村产业竞争力。①

另一方面，盘活农村资产。农村资产大多处于沉淀状态，需要通过多种方式予以盘活。其一，要进一步做好确权和改革工作。2016年，中共中央、国务院印发《关于稳步推进农村集体产权制度改革的意见》，对农村集体产权制度的确权和改革作出了明确的规定。党的十九届五中全会提出，“十四五”期间要健全城乡统一的建设用地市场，积极探索实施农村集体经营性建设用地入市制度；建立土地征收公共利益用地认定机制，缩小土地征收范围；探索宅基地所有权、资格权、使用权分置实现形式；保障进

① 参考《中华人民共和国乡村振兴促进法》，2021年4月29日。

城落户农民土地承包权、宅基地使用权、集体收益分配权，鼓励依法自愿有偿转让；深化农村集体产权制度改革，发展新型农村集体经济。其二，要进一步推进农村产权交易市场建设。许多地方建立了多种形式的农村产权流转交易市场和服务平台，为农村产权流转交易提供了有效服务，但是各地农村产权流转交易市场发展不平衡，其设立、运行、监管有待规范。2015年，国务院办公厅印发《关于引导农村产权流转交易市场健康发展的意见》，从地位和形式、运行和监管等方面作出了明确规定，未来要进一步落实该意见，不断引导农村产权流转交易市场健康发展。

三、加强农村基础设施和公共服务体系建设

农村基础设施和公共服务体系建设，直接关系到农民的幸福感、获得感、安全感，要以城乡融合为切入点，做好“两个结合”，不断改善农村人居环境。

一方面，将强化主体责任与做到精准把控相结合。坚持党的领导，强化“五级书记”的主体责任，特别是县乡两级书记，要紧抓落实补齐农村基础设施和公共服务短板的要求，各地方结合自身实际，制定农村基础设施和公共服务体系建设的任务表、时间表，严格遵照执行。同时，做到精准把控，在财政、金融、人才、用地等方面精准施策，有主次地将水、电、路、通信等最基础的公共设施，教育、医疗、卫生、社保等农民最关切的民生之事摆在优先安排的位置，突出普惠性、保基本、可持续。加快推

进农村基础设施达标建设和公共服务城乡水平均等化、标准统一化和制度一体化。[①]

另一方面，将外在参与和内生发展相结合。农村基础设施和公共服务体系建设，需要由政府主导，但也离不开外在参与，更离不开农村内生发展。要广泛吸引市场和社会主体主动参与农村基础设施和公共服务体系建设，破除市场和社会主体进入这些领域的体制机制障碍，既要增强政府在教育、医疗、卫生、社保等纯公共服务属性强的各领域和各环节的主体责任，更要增强市场与社会主体在基础设施建设管护、公共文化服务供给，以及生态环境治理等准公共服务属性强的各领域和各环节的主体参与度。要激励农民参与农村基础设施和公共服务建设的内生动力，村集体经济组织和农民是农村基础设施和公共服务的受益群体，但不能仅仅“坐享其成”，要引导和支持村集体经济组织不断发展壮大，用村集体经济组织的发展红利增加农村基础设施和公共服务建设，要扶持农民从事服务经营性产业，探索面向新型职业农民群体的公共服务购买体制机制。

---

① 毛铖：《在深化改革中完善农村基础设施与公共服务》，《中国社会科学报》2020年5月20日。

第五章
日本《国民收入倍增计划》及其经验借鉴

历史上，日本在其经济发展过程中曾经遇到过诸多类似中国的问题。日本经济在早期依靠国内的高积累、低福利带来的高投入及对海外市场的依赖，实现了经济的高速增长。但是，随着20世纪70年代初日本进入经济低速增长，日本传统的发展模式发生了重大变化。日本政府通过实施富民政策提高了国民收入和消费能力，扩大了国内消费市场，完成了由出口导向型发展模式向内需主导型发展模式的过渡。可以说，日本经济的高速发展，在某种程度上是依靠抑制日本国民的消费、确保高投入所换来的。在解决国富民穷、刺激国内消费、扩大内需市场、实现国内经济发展模式转型方面，日本的经验值得借鉴。

第一节　日本《国民收入倍增计划》实施背景

一、二战后日本经济复兴

二战毁灭了日本42%的国民财富，战后日本的复兴之路极其艰难。由于战争破坏，1946年日本的国民生产总值仅为战前的65%，工矿业生产仅为战前的28%，农林渔业生产仅为战前的78%。由于工业生产几近瘫痪，仅靠投放货币已完全失效：超发货币使1945—1949年的零售物价指数上升了79倍，造成了极其严重的通货膨胀和大量失业。要重振经济，恢复生产必不可少。然而，由于工业原材料进口中断，形成了国内存量枯竭——生产量减少——通货膨胀的恶性循环，为此政府采取了“倾斜生产方式”：把有限的物资与资金重点投入煤炭和钢铁两个支柱产业，促进其生产回升，以此为杠杆依次增加对其他产业的物资与资金投入，从而带动了生产的全面恢复。另外，通过解散财阀、农地改革等一系列的改革使市场竞争在绝大多数领域得以发挥作用，为整个战后日本经济、社会的发展奠定了基础。回顾20世纪50年代的中国，日本的这一系列措施似曾相识，解除了“旧社会”对生产力发展的阻碍。①

朝鲜战争使日本成为美国的军事基地和军需物资供应地，极大地刺激了日本经济的复兴。日本则名利双收，在“美国老大”的支持下通过国内一系列改革和战时军需迅速地恢复了经济，奠定了日后高速发展的基础。通过战时军需，日本赚到了经济发展的第一桶金。军需逐年增长，在1953年达到顶峰，占到了政府财政支出的60%；不但产业界极度景气，随着财政收入的增加，政府也有财力更大力度地刺激经济。1952年，日本的国民生产总值

① 张威：《中国经济之镜鉴：战后日本崛起之路》，《中国首席财经》2011年10月11日。

就已恢复到二战前水平。1953年，日本国民生产总值已经超过了二战前的水平。

二、日本经济发展存在的问题

日本在经历了一段经济高速增长期后，却陷入了低福利、低产业构成和高外贸依存度的“两低一高”发展困境。

产能过剩。20世纪60年代以前的日本，处于战后经济快速发展阶段，然而，这一时期日本经济增长的问题在于过度依赖投资，日本经济一度陷入“投资引起投资”的恶性循环当中。投资额的迅速增长再加上二战后“人口红利期”带来的低廉劳动力和新技术革命带来的产能快速提高，使日本GDP得到高速增长。

居民收入低，内需不足。20世纪60年代以前，“强国论”一直是日本发展经济的主导思想。然而，日本的“强国”策略却忽视了与“富民”的平衡。具体表现为，劳动者的工资没有随着财富的增长而增长，伴随低工资而来的是低迷的消费水平。劳动者的工资水平、收入和人民的生活水平与欧美等发达国家相比仍存在相当大的差距。例如，1960年日本制造业工人的工资水平不到美国的1/9，仅为英国的1/3。居民收入低是导致日本消费低迷、内需不足的根本原因，对经济社会的可持续发展形成严重阻碍。大多数人对经济发展前途是悲观的，认为基础薄弱的日本，经过神武、岩户两大繁荣时期，将进入低速发展阶段。

收入差距大。国民收入关系千家万户的生活，与每个人的切身利益直接相关。当时日本收入差距悬殊集中表现在日本经济的“二重结构”问题，即城乡二重结构和大小企业之间差距巨大，社会不平等也愈益扩大。

失业率高。1957年12月日本的完全失业者为49万人，1958年3月增加到92万人。日本社会不稳定，当时日本的劳资关系也十分紧张，如在南九州岛Miike矿场曾发生了长时间的罢工。20世纪50年代日本的高失业率也是迫使日本制订新的经济发展计划的重要原因。

三、下村治的《国民收入倍增计划》

面对过剩的生产能力与有限的市场销路之间的矛盾，日本经济学界围绕如何评价日本经济增长能力展开了争论，出现了两种不同的观点：一是以当时著名的主流经济学家后藤誉之助为代表提出的“稳定增长论”，认为日本经济已经结束战争后的恢复时期，不可能再有新的高速发展，今后只能“稳定”增长；二是以下村治为代表提出的“高速增长论”，认为日本正处在国民经济各部门的基础都处于技术改造时期，只要采取扩大有效需求的政策，就可以继续高涨，并精密计算出国民收入在今后10年可增加一倍。下村治以有力的论据说明日本经济将进一步飞速发展。下村治在理论上为制定《国民收入倍增计划》(以下简称《倍增计划》)打下了坚实的思想基础。

1960年，新上任的首相池田内阁急于尽快稳定动乱的国内形势，将国民注意力转移到经济发展方面。作为高速增长派政治家，他本人也在相当程度上正确地预见到日本经济可以进一步高速增长。于是，他采纳了经济学家下村治的建议，宣布实施《倍增计划》。

第二节　日本《国民收入倍增计划》的主要内容及实施措施

日本《国民收入倍增计划》的主要内容：以10年（1961年至1970年）的时间，以“高速增长、提高生活水平、完全就业”为目标，最大限度地实现增长；计划10年后实现国民生产总值及人均国民收入增长1倍以上。这一计划规定：国民生产总值和国民收入年平均增长速度为7.8%，人均国民收入年平均增长速度为6.9%。为此，计划雄心勃勃地提出了5个中心议题：充实社会资本；引导产业结构高级化；促进贸易和国际经济合作；提高人的能力和振兴科学技术；缓和双重结构和确保社会稳定。

一、政府加大公共投资力度，并引导民间增加投资

首先，政府公共部门每年都要制定庞大的财政预算来充实社会资本，整顿和完善产业基础。在公路、港口、铁路、机场、电信、工业用地和用水、农林水产的现代化方面，投入了大量的资金。计划中提出的公共投资年增长率为13%，从实际投资情况看

出，1973年日本政府投资于建筑工程和公共事业方面的资金分别相当于1960年的7.84倍和9.43倍。根据统计，1955—1973年，公共事业费由1410亿日元增至25604亿日元，增长了8倍，预算所占比重由13.9%增至17.3%；其次，通过对企业减税、缩短设备的折旧年限等手段，引导和鼓励企业等民间进行投资。根据统计，1960—1963年民间设备投资分别为31760亿日元、42274亿日元、42290亿日元和46702亿日元，分别比上一个财政年度增加142.7%、133.3%、100%和110.4%，分别占国民生产总值的19.6%、21.3%、17.5%和18.13%。正是这种政府增加的公共投资和民间设备投资，加快了日本经济的发展，迅速提高了国民的生产、生活水平，使日本向"富裕的福利国家"的建设迈进了一大步。最后，日本政府实行了控制外国投资的政策，为国内资本留出更多投资机会，促使国内的高储蓄转化为投资。

表1　政府投资和民间投资　　单位：10亿日元

年份	建筑工程投资额	公共事业投资额
1960	257	483
1965	725	1168
1970	1983	2506
1973	2014	4555
1973年为1960年的倍数	7.84	9.43

数据来源：日本《经济统计年鉴》、日本东洋经济新报社以及日本建设省《建设统计要览》《建设白皮书》《建设统计月报》。

二、解决“三农”问题和实施“农民工”转型方案

当今社会，经常听到日本人说：“在日本，没有城乡差别”。在日本每个大都市里面都看不见“农民工”独特的身影。大多数农村人均收入超过城市居住人口的平均收入水平，以至于美国前总统卡特在20世纪80年代访问日本时，惊讶地发出“日本为什么没有农村”的疑问。

1.提高农业劳动者的收入。1961年，日本政府在计划推出后，相继出台了《农业基本法》《农业现代化资金助成法》《十年土地改良长期计划》等一系列法规，加大对农村、农业、农民的政策倾斜。

一是通过提高农产品收购价格来提高农民收入。《农业基本法》规定了“生产者米价”。根据日本农业白皮书的统计资料，1961—1968年大米的平均价格，假设日本为100，则美国为37.3，意大利为44.2，这说明日本政府规定的大米收购价格远高于国际市场，“生产者米价”高于美国米价的2.7倍。米价带动整个农产品价格上涨，结果导致1960—1969年，农产品价格上涨95%左右，而农村购入的工业品价格指数仅上涨30%左右。到了1970年，日本的农业、农村、农民的基本状况发生根本性转变，日本城乡的“剪刀差”开始出现倒转。“剪刀差”缩小，农民收入迅速提高，一方面，使农民积极购买生产资料，农业的全面机械化基本上在这个时期实现；另一方面，使农民买得起、用得起生活资

料，一般耐用消费品得以在农村普及，为工业品生产创造出了广泛的市场需求。根据1971年《经济白皮书》的资料，如果将1960年的数值计为100%，那么在1967年，日本农户购买机械和建造房屋的支出接近200%，几乎翻了一番，而同期家计消费和物质产品支出的增长幅度更为明显，每百家农户拖拉机拥有量从1960年8.5台急剧上升为64.6台。

二是大幅提高对农业的补贴。如前文所述，1961年在“国民收入倍增计划”推出后不久，池田内阁1961年制定了目的为“增加从事农业者的收入，使其达到从事其他产业者的生活水平”的《农业基本法》《农业现代化资金助成法》《十年土地改良长期计划》等一系列法规，加大对农村、农业、农民的政策倾斜。特别是对农业投资大幅扩大，仅对农业的政府补贴就从1960年的747亿日元增加到1969年的3023亿日元。

三是转移非农人口。实施《农业基本法》，转移非农人口，增加非农收入，扩大农村消费。根据统计，自1960年开始，将农户总数的60%转移到非农业方面，形成了40%农户充分就业的小土地所有制形式，农民通过出租或出售土地获得了大量的现金，切实提高了农户基本收入和消费能力。据日本农林水产省的统计，从1961年到1970年，大约有61.56万公顷的耕地转为工业、道路、住宅等用地。在土地用途转变过程中，土改完成后保障农民产权，让农民依靠土地增值收益养老，相当于分享工业化进程红利。农民通过土地买卖取得的收益相当于从农产品取得收益的大约30

倍，很快成为富裕群体。从表2中来看，农民的收入从1960年的37.12万日元迅速增加到1965年的76.56万日元，其中来自农业的收入贡献度为37.8%，而非农收入的贡献度则高达62.20%。

表2 日本实施《倍增计划》前5年农民收入变化情况

（以1960年为100%基准）

年份	农业所得	非农所得	综合农户所得
1960	100.00 （15.42万日元）	100.00 （21.70万日元）	100.00 （37.12万日元）
1961	115.1	118.6	117.1
1962	135.7	135.5	135.6
1963	145.7	159.2	153.6
1964	166.9	187.1	178.7
1965	196.6 （30.31万日元）	213.1 （46.25万日元）	206.3 （76.56万日元）
1965/1960的增长率	37.8%	62.2%	100.0

注：非农所得含扶助收入，括号内为实际金额。

资料来源：根据日本经济企划厅《1966年度经济报告》整理。

2.推行“农民工”转型方案。从逻辑上说，任何国家的工业化发展阶段，都可能出现收入差距拉大的情况，其原因就是收入较低的农民不可能一夜之间转移出来，在工业和服务业获得收入较高的就业；在这个过程中，不仅那些还未转移出来的农民收入较低，难以提高，那些已经转移出去获得新的非农就业的“农民工”，由于劳动市场供给过大、竞争激烈（农民不断出来竞争有限的就业岗位），工资与被压在很低水平的工人的各种权利也很难得到保障，因为在失业危险很大的情况下，“农民工”处在“弱势群体”的地位上。

20世纪70年代，日本“农民工”问题也与中国今天的情形类似。当他们到城市后，也面临着从工资到保险与城市工待遇不平等的问题。日本用了20年的时间完成了“农民工”的转型，或者说是在20年的时间里化解了“农民工”问题。

据日本厚生劳动省的资料显示，1955—1975年，日本平均每年有72.5万名“农民工”进入城市，转入非农产业部门工作。这段时间，“农民工”占就业总人数的64%。当初，日本“农民工”进城以后，也是绝大多数从事建筑业和制造业的工作。统计表明，1971年，东京、横滨一带的“农民工”占全体劳动者的47.4%，东京阪神地带则占15.8%。“农民工”中九成为男性，大多是没有成家的年轻人。与中国今天的情形类似的有，日本当初的“农民工”也面临着工资待遇低、保险与城市工不平等、欠薪事件经常发生，从事高速公路、隧道建设的“农民工”还身染“尘肺症”等职业病，有的甚至为此死去，等等。

日本解决“农民工”问题的主要做法：（1）实行自由往来的户籍制度。日本的户籍制度决定了“农民工”的移动自由。在日本，不存在所谓“城市户口”和“农村户口”问题。也没有户口本，只有所谓的“誊本”。一个人准备长期出行到外地的时候，只要把自己的“誊本”从当地政府登记迁出，再于14天之内到所到之地政府登记即可。这种自由往来的户籍制度，在相当程度上促进了劳动力的流动和经济的发展。（2）为“农民工”

提供保障住房。在日本的城市里面，有公营住宅、住房公团等对中低收入家庭居住进行保障住房的制度。这种住宅中有的当初就是为了接受“农民工”而兴建的。日本城市的住房制度也让“农民工”安定下来。（3）采取全民保险制度。在日本，进城的“农民工”都要加入养老保险、医疗保险、工伤事故保险、雇用保险等。这种一视同仁的保险制度，看起来是增加了企业的负担，实际上确保了企业的劳动力来源，让企业不至于出现“劳工荒”。（4）平等的教育制度。日本实施九年义务制教育，学龄儿童转迁之后，必须在3天之内到当地教育委员会报到，由其安排入学。他们不存在借读和赞助入学问题，更不存在要回到当地参加高考的问题。重要的在于，日本这些化解“农民工”的制度并不是在日本经济发达以后实施的，而是在日本经济起飞阶段就开始逐步实施。因此，说这些制度促进了日本经济的发展，应该是公允的。

三、解决各阶层收入差距问题

消除社会成员收入差距过大、维护社会公平是日本二战后始终坚持的发展道路。日本的《倍增计划》明确指出，必须致力于纠正农业与非农业之间、大企业与中小企业之间、地区相互之间，尤其是收入阶层之间的工资收入差距。

1.提高职工工资。《倍增计划》中明确提出：“工资的增长情况如按人均工资来看，则目标年次将为基础年次的1.94倍。”[①]为达到这个目标，日本政府采取积极措施，制定一系列政策以提高工人工资，建立最低工资制度，缩小行业工资差别和提高整体工资水平。《倍增计划》明确规定了“为最低工资制度确立这样的方式：按地区与产业不同，将全部劳动者分为若干集团，每个集团确定统一的最低工资”，最低工资的确立对于缩小工资差距和提高整个工资水平都起到了一定的作用。表3为1961年和1970年日本的工资指数与主要资本主义国家的对比情况。从中可以看出，日本在1961—1970年间，工资指数增长266.8%，在主要发达资本主义国家中其增长速度最快。

表3　日本工资指数与主要资本主义国家比较（1975年=100）

年份	日本	美国	法国	联邦德国	意大利
1961	16.3	48.2	23.9	30.7	21.1
1970	43.5	69.9	49.0	63.0	43.8
1970年为1961年的百分比（%）	266.8	145.0	205.0	205.2	207.5

资料来源：《东洋经济统计月报》1978年10月。

2.促进中小企业发展。面对国内垄断资本扩张过快的势头，《倍增计划》期间，日本实施了鼓励国内投资和促进中小企业发展的政策。针对大中小企业之间的收入差距问题，政府积极推进中小企业改造，并与产业结构的转换相结合，促进中小企业

① 本计划中的基础年次是指1956—1958年度的平均数，目标年次是指1970年。

规模经营和提高劳动生产率。《倍增计划》肯定了小企业在国民经济中的重要作用："高速发展加强了双重结构的差别"；"小企业在就业、国民生产中起到重要的作用"；"与大企业相比，小企业附加价值的生产率和工资方面的差距非常大，为了提高生产率，小企业必须进行现代化"。《倍增计划》确立了大小企业之间紧密协调的社会分工体制，要求由大企业供应设备、派遣技术人员帮助小企业；政府贷款扶植，保障小企业金融稳定性。1963年开始，政府相继制定了《中小企业基本法》《中小企业现代化促进法》《中小企业指导法》《中小企业现代化资金扶植法》等十个相关的法案，使中小企业迅速采取节省劳动力的技术，实行自动化、专业化和批量生产化方式，从而加速了中小企业技术革新和企业规模的扩大，使中小企业工人收入逐步靠近大企业工人的收入水平。

3. 对低收入群体的财政补贴政策。计划的核心理念是引导全体国民都能享受经济发展带来的共同富裕，为此，政府采取了"限高、扩中、补低"的财政补贴政策，收入越低的阶层从国家财政得到的补助和扶持就越高。总体来说，农民比工人补得多，欠发达地区比发达地区补得多。

正是推行计划的10余年，日本始终坚持公平和正义这个精髓不放松，形成了日本社会将近1亿的"中产阶层"，最终实现了国民收入同步前进。

四、解决地区间的不平衡

为了缩小各地区、各阶层间所得差距，针对地区间发展不平衡问题，政府于1962年制定了《全国综合开发计划》，将全国近30个地区列为“新产业发展城市”和“工业整顿特别地区”，配套进行交通、用水、通信等公共基础设施建设，并给予特别优惠政策，吸引和鼓励工厂企业向上述地区搬迁转移，缓解东京、大阪等城市因人口过密所带来的生产生活问题，有效改善地区发展的不平衡问题，这些城市和地区成为20世纪60年代中后期沿海工业地带的主力。

五、采取低税赋政策

采取低税赋政策和减税政策，将它作为提高国民收入的一种手段。日本政府一直把税负不超过20%作为重要施政目标，而这也是日本经济充满活力的原因之一。从表4可以看出，在1955—1970年，日本的税赋水平基本保持在20%以下，远低于其他西方国家。同时，日本政府将经济高速增长所增加的大部分税收用于减免个人所得税上。在计划开始实施以后，减免税额每年都在1000亿日元以上。根据日本学者桥本寿朗的研究，从1955年到20世纪70年代，日本个人所得税自然增收32298亿日元，其中11190亿日元被用于减税，主要手段包括提高起征点、减低税率、增加家属扣除额度等。

表4　1955—1970年发达国家税收占国民生产总值的比重（%）

年份	日本	美国	英国	西德	法国
1955	14.9	21.8	26.5	23.3	19.0
1960	15.7	22.9	24.5	22.6	21.5
1965	14.7	22.3	25.7	22.9	22.5
1970	15.8	23.9	32.2	22.5	21.5

资料来源：陈共、宋兴义：《日本财政政策》，中国财政经济出版社2007年版，第127页。

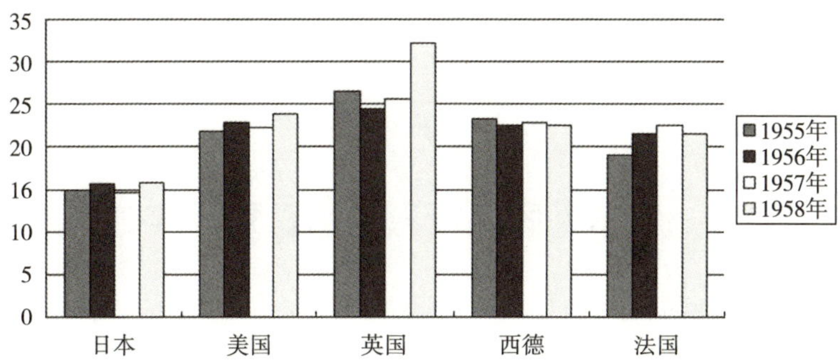

图1　发达国家税收占GDP比重比较（1955—1970年）

六、重视基础教育和建立健全社会保障机制

1.重视对基础教育发展的投入，规定凡自愿到边远地区任教的教师，其工资为大城市教师工资的两倍，政府将教师资源在农村和城市之间平均分配，全面提高了基础教育质量。

2.建立健全社会保障机制。日本的着力点主要在提高社会保障的覆盖面。1958年，日本政府实施《国民健康保险法》，实现了国民“皆保险”；1961年4月1日起，实施《国民年金法》，真正实现了全民“皆保险”；之后，又相继实施了《儿童福利法》

《身体障碍者福利法》《社会保障法》《精神薄弱者福利法》《老人福利法》《母子福利法》等，通过一系列措施，将原来未纳入公共养老保险制度的广大农民、个体经营者强制纳入社会养老保险体系中，政府负责充实社会资本和增加社会福利，提高健康保险给付率。由此，日本以农村公共医疗和养老保障为支柱的农村社会保障体系初步建立，并得到迅速普及，维持了最低收入者的生活，发挥了保障福利的机能，也为《倍增计划》的实现创造了有利条件。

第三节　日本《国民收入倍增计划》实施效果

《倍增计划》实施后，日本国土出现了一场消费者革命，不仅实现了国民收入的快速增长，而且避免了收入分配差距扩大这一世界性的难题，成为日本经济起飞的基础和转折点。随着该计划的提前完成，1968年日本成为仅次于美国的全球第二大经济体，一跃进入发达国家行列；而中等收入群体也大幅增加，形成了理想的橄榄形社会结构。

具体说来，日本《倍增计划》从四个方面取得了显著的成效。

一、实现了“国强”

该计划实施期间，日本国民生产总值和国民收入的实际年平均增长率达到11.6%和11.5%，超过预定目标。1967年，便实现了国民收入增长1倍的目标；1973年，又实现了一个翻番。日本在1955—1973年经济高速增长的18年间，GDP增加了12.5倍。其中在《倍增计划》执行期间（1961—1971年）GNP年均增率达10%以上，最高达到16%，国民收入增加了一倍。在实施该计划的1970年，日本的国民生产总值已先后超过法国和德国，跃居资本主义世界第二位。《倍增计划》造就了日本经济高速增长的20世纪60年代，它堪称日本的“黄金时代”。1965年10月到1970年6月间的伊奘诺景气，其繁荣期创战后迄今为止最长纪录，持续保持了57个月的繁荣，年均增长率达11.5%，远超过原计划7.2%的水平。

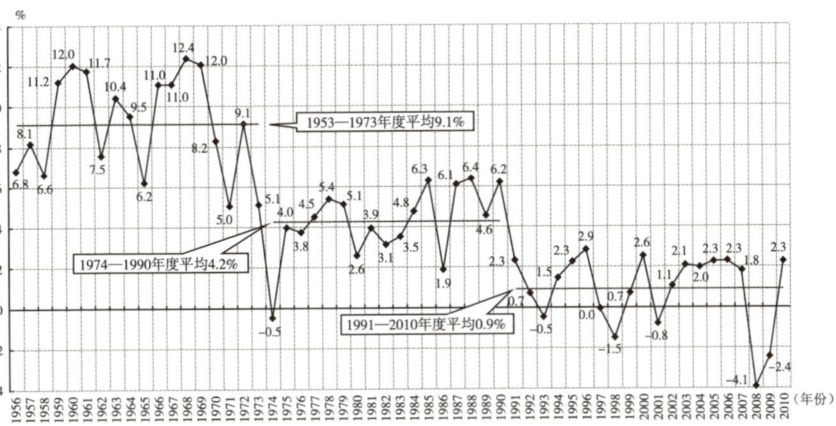

图2　1956—2010年日本GDP增长图

二、达到了“民富”

在日本1955—1973年经济高速增长的18年间，人均国民收入增长10倍多，年均增长9.8%。日本从此诞生和形成了一个强大和稳定的中产阶层。国民收入的增加，促进了消费升级，也给经济持续发展带来了动力。随着工资的提高，人们的食品消费比例下降，恩格尔系数稳定变化：1955年为46.9%，1960年为41.6%，1965年为38.1%，1970年为34.1%（到1988年仅为25.5%）。日本在第一次消费革命（1956—1970）中，开始由“生活合理化”向“更加舒适化”、追求“实现物质需求欲望”发展。1955—1964年，“旧三大件”（黑白电视机、电冰箱、洗衣机）获得迅速普及。进而引发了战后日本第二次（1971—1980）的消费革命。1965—1974年，“3C”时代到来，“新三大件”（即所谓

表5　日本《倍增计划》实施效果与原计划的对比

	国民收入倍增计划		实际成绩	
	1970年的目标水平	年增长率/%	1970年的实际水平	年增长率/%
国民生产总值（1958年价格，亿日元）	260000	7.8	405812	11.6
国民收入（同上）	213232	7.8	328516	11.5
个人消费（同上）	151166	7.6	207863	10.3
国民收入构成比	—	—	—	—
第一产业	10.1%	—	7.4%	—
第二产业	38.6%	—	38.5%	—
第三产业	51.3%	—	54.1%	—

注：年增长率是与1956—1958年平均值比较的结果。

资料来源：日本经济企划厅编：《现代日本经济的展开——经济企划厅30年史》，大藏省印刷局1976年版，第137页。

“3C”，指的就是汽车、彩电和空调）迅速普及。当时彩电、空调的平均价格为20万～25万日元，为当时职工2～3个月的工资，小汽车的普及则是在20世纪70年代后半期，此时制造业工人工资在20万～25万日元，当时每辆售价平均约为100万日元，大约等于一般工人5个月的工资。在第三次（1981—　）的消费革命中，娱乐和交际费用从无到有，从少到多，比重也不断增加，保龄球、高尔夫球、旅行等休闲产业成为时尚。日本进入了“大众消费型”社会，并逐渐降低对重工业的依赖程度。更有意思的是，日本人均GDP的真正起飞，其实是与“消费型”社会的进程几乎同步。可以说，日本消费革命的不断升级，得益于《倍增计划》实施期间创造的“消费时代”所打下的物质基础。

三、实现了“结构转型”

20世纪60年代初，日本的对外贸易是以劳动力价格低廉取胜，造成国际贸易不平衡，因此也被发达国家视为“三等公民”。《倍增计划》实施后，日本人均工资水平得到大幅提升，使得相对劳动而言，资本的价格变得“便宜”起来。于是企业不断地加大设备投资的力度，加快技术进步的步伐，又从供给和需求两方面刺激了经济的高速增长，推动了产业结构的升级。以家电普及为代表的电气化进程带动日本国内发电量、石化、钢铁等行业的迅速发展，汽车工业的“爆发”带来的需求激增更成为日本石化、钢铁等行业竞争力迅速提高的主要推动力。产业结构调整，使日本产业的国际竞争力也因此大幅提高。在国内消费的拉动下，日本家电、汽车、钢铁、石化等产业产能迅速放大，产能放大导致的大规模生产以及技术进步提高了日本相关产业的国际竞争力，机械类产品逐步成为日本最具国际竞争力的产业。日本的电器、汽车等企业，正是在此宏大的背景下，应国民需求而生，并进一步扩张到海外，成就世界性巨头。

四、缩小了“城乡差别”

1955年城市工薪家庭人均收入为农户人均收入的1.3倍，1960年扩大到1.5倍。但1970年，农村人均收入与城市居民收入持平，1975年以后农户人均收入超过了城市工薪家庭的人均收入，城乡收入对比发生了根本的变化。20世纪70年代初期至今，日本多数年份农村人均收入都高于城市居民收入水平。

日本的《倍增计划》，在其经济发展史上具有划时代的意义。到该计划结束时，日本的最大特点是全体国民恢复了经济信心，社会进入大众消费时代，以往激烈的劳资等社会矛盾开始消解，民间私人产业投资兴盛。从1952—1970年，日本私人投资增长超过10倍，生产效率大幅提升，这成为其经济增长的坚实基础。失业率维持在1%左右，“平稳发展派”最担忧的通货膨胀难题等并未如期而至。

有数据显示，与美、英、德、法等国比较，日本的犯罪率最低。这与日本注重经济与社会的协调发展有关。日本居民认为自己的生活状况与别人相比处于中档的比例，其满意度1958年为72%，1979年为91%，1989年为87.3%。多数日本人认为，自己所处的是一个“平等社会”“无阶层社会”“同质社会”。绝大多数日本人都以中产阶级自诩，90%以上的日本人认为自己是“中产阶级”。

除日本，20世纪80年代韩国也采取过类似的“国民收入倍增计划”。20世纪80年代，韩国全斗焕总统上台后，对经济发展战略进行了变革，提出了“安定化、开放化和自律化”的“三化”方针。其中一大措施，就是普遍提高国民收入。此外，韩国在农村展开了轰轰烈烈的“新村运动”，农民收入迅速提高。韩国经济再次进入高速增长期，年均增长率达10%以上，人均收入在8年内增长2倍，国民的普遍富裕，为其本土品牌提供了庞大的消费群体，使其获得了前期的充分积累。作为韩国企业标志的现代汽车，就是在此时期崛起，并且迅速成为普及品。

第四节　中国扩大内需的密钥：中国版“国民收入倍增计划”

“共同富裕”是社会主义的本质要求。回首百年历程，我们党一直把共同富裕作为重要目标来追求。尤其是党的十八大以来，党中央采取有力措施保障和改善民生，为促进共同富裕创造了良好条件。国家繁荣富强是中国的核心国家利益。但在不同的历史时期，国家利益的侧重点有所不同。改革开放初期，中国国家利益的核心是经济增长。为了实现这一核心利益，国家推行了“非帕累托改进Ⅰ”，即“做大蛋糕”，让一部分人先富起来；而现在，中国最核心的国家利益应是促进百姓福祉增长，让更多的人分享经济发展的果实，为此中国要推进“非帕累托改进Ⅱ”，即“切好蛋糕”，让更多的人分享经济发展的果实。

如果说，过去40多年的改革，一部分人先富裕是建立在另一部分人受损的基础上，而未来几十年所进行的二次改革，即要改进全民的整体福利——增进国家利益——就不得不“损害”一小部分的利益。而这一点，正是二次改革（“非帕累托改进Ⅱ”）与1978年以来的一次改革（“非帕累托改进Ⅰ”）的本质区别所在。“非帕累托改进Ⅰ”与“非帕累托改进Ⅱ”所面对的改革阻力截然不同。“非帕累托改进Ⅰ”，受损的是那些相对弱势群体，改革的阻力就比较小，能够比较顺利的推进。但是“非帕累托改进Ⅱ”则不得不损害一些既得利益集团的利益，二次改革势必更加困难。如果说“非帕累托改进Ⅰ”更多的是经济层面，那么，“非帕累托改进Ⅱ”则更多的是体制层面，而政治层面的问题就远胜于经济层面的问题。

一、中国版“国民收入倍增计划”的理论依据及内涵

现阶段中国提出“国民收入倍增计划”的理论依据是：在国家高速增长的同时，如何能够使民众有更强购买力。倍增计划通

常出现在下述经济阶段：经济发展到一定阶段产品过剩与通货膨胀压力共存，政府需要提振内需；从外向型经济向内向型经济过渡；政府财政收入远远大于国民收入增幅，导致储蓄、投资大过消费，造成经济不平衡。解决中国经济的问题，均衡的增长结构是关键，即要重新构建财政、企业、居民三者间的利益合理分配机制。政策思路的关键在于，要把“藏富于民”作为长期发展战略，彻底解决居民收入增长速度落后于财政收入增长速度的问题。

中国版“国民收入倍增计划”的主要内涵是：以“经济增长”为手段，以“国民增收”为目标，力争GDP和国民收入在未来10年内基本同步增长，即国民生产总值年平均增长速度为6%，国民收入增加一倍，在不断提高人民生活水平的同时，实现充分就业。

在这一过程中，必须致力纠正农业与非农业之间、大企业与中小企业之间、地区相互之间以及收入阶层之间的生活上的、收入上的差距，以期国民经济和国民生活得到均衡发展。

二、中国实现“共同富裕”主要工程

为了实现共同富裕目标，需要做好以下几方面的工作：

1.在指导思想上，以共同富裕为第一目标，确立“富民是财富的源泉，是扩大内需和经济转型的关键”的理念。改革开放40多年，在经济高速增长的同时，中国人均收入水平增速已经连续多年低于GDP增速。普通民众收入徘徊不前。收入的不足，制约了国民消费能力，也制约着消费转型。在未来10年中，中国要把经济发展的目标，确定在全民的收入增长上，把这一核心要点作为这场新经济运动的名称、口号和旗帜高高举起。用国民收入的增长来带动经济总量的增长，而不是用经济总量的增长来带动国民收入的增长。

财富如何在国与民之间分配，是一个古老的政治问题。从春秋之后，“民富才能国强”就成了政治家治国的一个常识。管仲曾说：“善为国者，必先富民，然后治之。”《论语》有子对哀公说：“百姓足，君孰与不足？百姓不足，君孰与足？”荀子还对国富民弱这种状况作过结论：“田野荒而仓廪实，百姓虚而府库满，夫是之国蹶”，意思是这种国家是要溃败的。到北宋，王安石明确指出两者的逻辑关系：“百姓所以养国家也，未闻以国家养百姓也。”法国思想家孟德斯鸠在18世纪也曾问道：“国家是先以民众贫困作代价而使自己变富呢？还是让国民先富起来再实现自己的富裕？”结论是：“只有个人的富裕才能很快推动国家的富强。”战国时代的尉缭子很早就指出：“亡国富仓府，谓上满下漏，患无所救。”意思是要想亡国就把财富集中到政府的库房中，因为政府能控制的财富越多，各种腐败行为会愈多，社会矛盾便越激烈，贫富分化也会越厉害，社会秩序反而处在了一触即发的祸患之中。

如果从经济角度出发，也许这句歌词要改成“有了富的家，才有强的国”，因为只有家庭和个人相对富裕了，政府相对贫穷了，才会削弱政府的权力，使其真正去为人民服务，才会有强的国。也只有让劳动者合理分享GDP增长的成果，国民收入和GDP同比率增长，才能有效解决生产力过剩和内需不足的问题。

2.将迅速扩大中等收入阶层作为共同富裕的核心。在国外成熟的市场经济国家中，收入分配的格局基本上属于“纺锤形”，中产阶级是其中的主流阶层，而高收入者和低收入者均属于“少数”阶层。但是在中国，中等收入阶层的比重过低。中等收入阶层的不断壮大，不但对缩小收入分配差距有积极作用，而且还有利于社会发展和经济增长的稳定和协调。从机制上来说，中等收入阶层的扩大，就是低收入者不断向中等收入阶层流动的过程。由此可见，要解决中国收入分配领域的种种矛盾，扩大中等收入阶层无疑是必须要做好的一门“功课”。而中等收入阶层壮大的过程，就是不断减少低收入阶层的过程，就是提高广大农民、城市失业下岗人员和流动人口收入水平的过程，这与我国加快现代化、城市化的进程完全吻合。

3.解决收入分化的问题，缩小不同企业、不同阶层之间利润与收入的“剪刀差”。一是在企业内部，明确规定了进一步推行“最低工资制度”，缩小企业内部的管理层与普通员工的工资差距；二是大幅度提高个税起征点，降低对农户、个体户、中小私营企业的个人所得征税率，实现国民财富由财政向居民转化；三是个人所得税递增率高，取消存款利息税；四是规定“农民米价”，以米价带动整个农产品价格上涨，缩小城乡“剪刀差”。

4.引入民间资本和国内储蓄转为投资。鼓励中小企业与民间资本进入边缘产业、新兴产业和公共事业领域。除政府承担的公共教育与公共卫生外，鼓励民办小学、中学、大学和职业教育等各个层级的教育，鼓励民办医疗卫生事业。大力发展社会公益组织，力争使社会性公益事业成为吸引就业、提供公益服务的主要力量。结合事业单位改革，大力推广政府向企业、事业单位和社会组织购买公共服务。开放城市交通、排水、垃圾收运与处理、基础设施建设与维护等行业。

5.在产业政策上，要处理好富民产业与税源产业的关系。重化工产业是各级政府的税源产业，富国不富民，不利于扩大民间消费。“十四五”期间，要兼顾富民与富国的双重目标，通过培育中小企业、高就业率的富民产业发展，以解决内需不足和财富分配不公的问题。要把高就业、低税源的富民产业纳入国家产业规划，通过富民产业带动百姓致富。扶持适合于中国农村发展的乡村产业，如有机农业、新能源农业、民间手工业、乡村旅游、农副产品加工业等。

6.建立自然资源“主权财富基金”，让全民分享资源收益。石油、天然气、煤炭等各种自然资源的收益是在国际大经济周期特殊供求关系决定的产生的超额利润，不是资本产生的，也不是劳动获得的，是国家的、全民的。国家应建立一个合理的资源收益分配机制，将资源收益让全民分享。委内瑞拉的funden基金就是基于这样的思想建立起来的。委内瑞拉PDVSA石油公司产生的超额利润中只有10%留给企业，90%作为funden基金。我国由于没有建立合理的资源收益分配机制，资源收益最后变成了谁采矿谁受益，这就是垄断收益。部分煤矿主为了获得超额利润，掠夺性开采，违规经营，置工人的生命安全于不顾，还有部分官员参与其中，通过不正当途径获得财富。我们可以比照委内瑞拉的funden基金的做法，建立自然资源“主权财富基金”，让全民分享资源收益。

第六章
扎实推动共同富裕的基本路径与政策体系

共同富裕包含国民总体富裕和全体居民共享富裕。面向2035年我国迈入中等发达国家，真正制约共同富裕的核心还是收入分配问题。总体来看，实现共同富裕目标的最大挑战是能否让大多数低收入居民迈向中高收入，收入差距能否持续显著缩小，其核心路径要瞄准收入分配方面。因此，“收入分配是民生之源，是改善民生、实现发展成果由人民共享最重要最直接的方式。”[①]2021年8月，习近平总书记在中央财经委员会第十次会议上进一步提出扎实推动共同富裕的总思路：“坚持以人民为中心的发展思想，在高质量发展中促进共同富裕，正确处理效率和公平的关系，构建初次分配、再分配、三次分配协调配套的基础性制度安排，加大税收、社保、转移支付等调节力度并提高精准性，扩大中等收入群体比重，增加低收入群体收入，合理调节高收入，取缔非法收入，形成中间大、两头小的橄榄形分配结构，促进社会公平正义，促进人的全面发展，使全体人民朝着共同富

①《习近平总书记系列重要讲话读本》，学习出版社、人民出版社2016年版，第217页。

裕目标扎实迈进。”[①]在具体收入分配政策方面，简单聚焦于单维的收入指标难以实现共同富裕目标，必须要依靠个体自我能力发展的方式，而不是依赖高福利主义的普遍保障来实现共同富裕，而必须在实现总体富裕的基础上，在注重经济发展方式转变的同时，把视角放到基本制度、教育、医疗、养老等与居民收支紧密相关的大分配领域，完善初次分配、再分配、三次分配协调配套的基础性制度安排，促进经济包容性增长，推进基本公共服务和社会福利均等化，从而逐步提升共同富裕程度。

第一节　起点公平与共同富裕

起点公平是实现共同富裕的前提条件和重要保障。收入分配不平等并不完全在于分配结果不平等，收入分配和共同富裕不仅仅是个人层面的分配结果，更是国家社会、城乡区域等各主体、各层面发展环境、发展条件、发展状况合力作用的结果。党的十八大报告指出，公平正义是中国特色社会主义的内在要求，要加紧建设对保障社会公平正义具有重大作用的制度，“逐步建立以权利公平、机会公平、规则公平为主要内容的社会公平保障体系”，为起点公平和共同富裕提供坚实的制度前提。

① 习近平：《扎实推动共同富裕》，《求是》2021年第20期。

一、起点公平的内涵和基本要求

起点公平是指社会成员在参与经济活动时，享有平等的权利、平等的参与机会和发展机会。权利公平、机会公平、规则公平是起点公平的核心内容。党的十八大报告提出建立以权利公平、机会公平、规则公平为主要内容的社会公平保障体系，切实实现社会公平正义。

权利公平是指人们平等地享有参与各种经济社会活动、平等地享受各种社会公共资源的权利。《宪法》宣示，中华人民共和国公民在法律面前一律平等，国家尊重和保障人权。《宪法》第二章规定了“公民的权利和义务”。国务院新闻办发布的《国家人权行动计划（2021—2025年）》，将人权分为四大类，一是经济、社会和文化权利，包括基本生活水准权利、工作权利、社会保障权利、财产权益、健康权利、受教育权、文化权利7项权利；二是公民权利和政治权利，包括生命权、人身权利、个人信息权益、宗教信仰自由、选举权和被选举权、表达权和监督权、获得公正审判的权利8项权利；三是环境权利，包括环境防治、生态环境信息公开、环境决策公众参与、环境公益诉讼和生态环境损害赔偿、国土空间生态保护修复、应对气候变化6项权利；四是少数民族、妇女、儿童、老年人和残疾人等特定群体的权利。权利公平就是要求在“尊重和保障人权”的过程中，取消基于性别、身份、出身、地位、职业、财产等各种附加条件的限制，对每个公民“不偏袒”“非歧视”，为其提供平等的生存权和发展权。任何公民不能被排除在法律赋予的权利之外，任何组织或者个人不得有超越宪法和法律的特权。而要真正落实权利公平，最重要的是加紧建设对保障社会公平正义具有重大作用的制度，如民主权利保障制度、法律制度、司法体制机制、公共财政制度、收入分配制度和社会保障制度。

机会公平是贯穿经济、政治、社会、民生等方方面面的基本价值和要求。根据联合国大会发布的《发展权利宣言》，各国应采取一切必要措施确保“所有人在获得基本资源、教育、保健服务、粮食、住房、就业、收入公平分配等方面机会均等”。在这里，机会公平更多是指发展机会的公平，是指社会在发展过程中要毫不偏袒地为所有成员提供同样的机会。保证各种所有制经济依法平等使用生产要素、公平参与市场竞争、同等受到法律保护，这是机会公平；改革征地制度，提高农民在土地增值收益中的分配比例，着力在城乡规划、基础设施、公共服务等方面推进一体化，这是机会公平；合理配置教育资源，重点向农村、边远、贫困、民族地区倾斜，这是机会公平；完善国民健康政策，健全全民医保体系，这是机会公平。实现机会公平就是要促进人人平等获得发展机会，推动包容性增长；营造平等竞争、共谋发展的法治环境、政策环境和市场环境，营造公平的社会环境，保证人民平等参与、平等发展权利；优先开发人力资源，加快完善社会保障体系，推进基本公共服务均等化，保证社会成员都能够依靠法律和制度来维护自己的正当权益。

规则公平要求规则面前人人平等，没有任何人可以超越规则之外或凌驾于规则之上。规则是社会成员通过一定的程序共同参与制定，并由全体成员共同遵守，带有普遍约束力的法律、政策、制度、规定、纪律、条规等。凡是遵循法治原则的社会，其基本命题就是这一命题，《宪法》中的表述是，“全国各族人民、一切国家机关和武装力量、各政党和各社会团体、各企业事业组织，都必须以宪法为根本的活动准则，并且负有维护宪法尊严、保证宪法实施的职责”，没有例外。规则公平积极回应了中国发展的内在需求，具有鲜明的现实针对性和迫切性。

二、起点公平是共同富裕的重要前提

就起点公平和终点公平二者的关系来说，起点公平是终点公平的前提，终点公平是起点公平的结果，二者都是我们追求的目标。但在经济社会现实状况下，由于人们的禀赋不同、所依存的社会经济条件不同、所处地区的自然环境条件也存在差别，因此人们从事经济社会活动的起点存在差异是社会的常态。而且起点公平和终点公平往往互不兼容，起点公平和终点公平的矛盾将作为社会矛盾而长期存在下去。

分配是生产关系的一个环节，并非独立存在，受制于生产，同时反作用于生产。生产决定分配，生产的产品决定分配的对象，生产的性质决定分配的性质，生产的所有制形式决定分配的形式与结构。马克思一贯反对离开生产关系讨论分配正义问题，反对在分配数量、伦理正义等问题上的平均主义。马克思公平正义理论超越了一般意义上的道德标准，运用历史唯物主义方法，从生产力与生产关系出发，从是否有利于生产力的高度，将分配公平与人类社会的发展紧密联系起来。在社会主义制度下，生产资料实现了全社会的公有制，杜绝了少数人依靠占有生成资料剥削他人劳动的机会。因此，社会主义制度下生产关系上的公平是整个社会分配公平的逻辑前提。

贫困是权利不公平分配的结果，也是下一轮不公平竞争的开始。造成居民收入分配不公的根本性原因是一系列制度导致的权利配置不合理。推动共同富裕，权利公平是基础性的要求和原则。机会公平并不保证社会成员之间“结果平等”，但它为每个成员的发展提供了公平参与的可能性。每个人实现自己发展的尝试与努力，不应该被设置障碍或遭到歧视。机会公平作为一种基本理念，对扎实推动共同富裕，推动经济更有效率、更加公平、更可持续发展，至关紧要。有机会公平，才能保证社会成员都能够接受教育，都能够进行劳动创造，都能够平等地参与市场竞争、参与社会生活，都能够依靠法律和制度来维护自己的正当权益，才能促使内生增长，而不是靠某些不公平的“外力”去套利。规则公平是一切公平的制度化、形式化、程序化、可操作化，是重建社会公平正义、激发社会凝聚力、增强社会信任的基础。当前各类社会矛盾的一个主要根源，就是规则不公平。它既包括某些规则本身的不公平（订立环节），更主要地体现在规则执行过程中的随意性、选择性。显规则变成软约束形同虚设、潜规则不登大雅却肆意流行，并不少见。这不仅伤害了社会成员应有的权益，而且损害了法治的尊严和公信。没有规则公平，权利公平和机会公平的落实也都变得不可能。

三、以坚实制度保障起点公平

实现起点公平，必须在坚持和完善中国特色社会主义制度的基础上，确保全体社会成员依法享有平等的权利（如生存权、受教育权、就业与择业权等）、享有平等的机会（如参与机会、发展机会与共享机会），促进教育公平、就业公平、社会公共资源分配公平。

首先，坚持和完善中国特色社会主义制度。中国特色社会主义制度是党和人民在长期实践探索中形成的科学制度体系，为起点公平提供了根本制度保证。党的十九届四中全会着眼于实现“两个一百年”奋斗目标和把新时代改革开放深入推向前进的根本要求，以坚持和完善中国特色社会主义制度、推进国家治理体系和治理能力现代化为主题，系统总结了中国特色社会主义制度的十三个显著优势，提出了把制度优势转化为治理效能的明确要求，明确了发展和完善中国特色社会主义制度的着力点。推动共同富裕，必须突出坚持和完善支撑中国特色社会主义制度的根本制度、基本制度、重要制度，着力固根基、扬优势、补短板、强弱项，构建系统完备、科学规范、运行有效的制度体系，按照党的十九届四中全会提出的时间表和路线图，到我们党成立100年时，在各方面制度更加成熟更加定型上取得明显成效；到2035年，各方面制度更加完善，基本实现国家治理体系和治理能力现代化；到中华人民共和国成立100年时，全面实现国家治理体系和治理能力现代化，使中国特色社会主义制度更加巩固、优越性充分展现，为实现起点公平、推动共同富裕、实现中华民族伟大复兴的中国梦提供有力保证。

其次，促进教育机会公平。我国城乡之间、地区之间在教育公平方面存在一定差别，因此必须强化教育机会均等，为每个劳动者提供公平的教育机会，特别为农村居民、低收入者、弱势群体提供公平的教育机会。建议国家实施十二年义务教育，把钱用在刀刃上。加大公共教育经费投入，引导教育资源向农村、边远、贫困、民族地区倾斜，采用更多激励性政策引导优秀教师到师资力量较弱、教育质量较差的地区去，着力提升贫困地区和低收入群体的受教育水平，实现基础教育优质资源城乡之间、地区之间均等化，让更多的寒门学子也能够接受良好的教育，获得改变命运的机会。同时要加大职业教育支持力度，对劳动者进行多样化的职业教育和技能培训，提高劳动者的技能水平和适应新技术新知识的能力。促进教育机会公平是实现起点公平的有效手段。

又次，促进就业机会公平。就业是民生之本，关系所有劳动者切身利益，政府在促进就业公平中负有重要的责任。促进就业机会公平是实现起点公平的重要举措。一是政府要提供尽可能充分完备的就业信息，在就业制度方面，所有优质岗位应向全体社会成员公平开放。二是要大力发展职业培训机构，为弱势群体提供有针对性的职业培训，加强对弱势群体劳动能力的训练，减小他们在能力培养方面的差异，从而缩小劳动机会的不平等。三是完善公开招聘制度，改进招聘流程的监督机制，避免“背景”与“关系”，纠正各种歧视性招聘行为，确保就业市场竞争的公平性。四是废除各种不利于劳动力（特别是农村劳动力）流入和流出的政策规定，让每个劳动者拥有平等的就业权利，以保护劳动者的生存权和发展权。要打破城乡分割、地区分割、行业分割、身份歧视、性别歧视和年龄歧视，尤其要破除国有垄断企业、行政权力部门的就业壁垒，为每个劳动者，特别是农村、边远、贫困、民族地区劳动者提供公平的就业机会与择业机会。

最后，促进社会公共资源分配公平。促进社会公共资源分配公平是实现起点公平的重要途径。公共医疗卫生、公共基础设施和公共自然资源等社会公共资源是收入分配中最基本的公平对象，这些社会公共资源分配是否公平在很大程度决定了收入分配起点是否公平。只有促进公共医疗卫生、公共基础设施和公共自然资源等社会公共资源分配公平，才能真正实现收入分配的起点公平。由于农村、边远、贫困、民族地区在经济发展过程中处于天然的劣势地位，要实现起点公平，政府需要加大公共医疗卫生支出，扩大基本医疗卫生服务的覆盖范围，弱化个人医疗与家庭经济状况之间的相关度，保障底层群体享受基本医疗卫生服务的权利。公共基础设施是经济发展的基础和保障，加快公共基础设施建设是推动农村、边远、贫困、民族地区经济发展的前提条件和摆脱贫困的起点。因此，政府应加快对贫困地区、地理环境条件恶劣地区的交通、农田水利、电力通讯等公共基础设施建设步伐，实现公共基础设施在城乡之间、地区之间均等化。

第二节　初次分配与共同富裕

规范初次分配是实现共同富裕的关键环节，要加快初次分配制度改革，形成合理的初次分配格局。与再分配和第三次分配相比，初次分配是更为基础性的分配关系，不仅数额大，而且涉及面广，如果在初次分配中出现重大的社会不公正，在再分配和第三次分配中就很难加以扭转。

一、初次分配的内涵和分配格局

初次分配指国民总收入直接与生产要素相联系的分配。任何生产活动都离不开劳动力、资本、土地和技术等生产要素，在市场经济条件下，取得这些要素必须支付一定的货币，这种货币报酬就形成各要素提供者的初次分配收入。我国分配制度可以简要概括为两句话：一是按劳分配为主体，多种分配方式并存；二是生产要素按贡献参与分配。两句话都是指“初次分配”，概括了初次分配的两个核心机制：一是劳动报酬取得机制；二是生产要素报酬机制。这样就产生了不同生产要素之间、不同劳动报酬之间两个属性不同的层面，共同形成了我国现阶段的初次收入分配格局。

一是不同生产要素的分配关系及其改善。在市场经济条件下，劳动（力）本来就是最重要的生产要素，生产要素分配关系，要点在于劳动报酬和其他生产要素在初次分配中的关系，包括劳动、资本、土地、资源、税收之间的分配关系。当前所指的“劳动报酬在初次分配中比重”偏低，是指劳动报酬相对于其他生产要素在总量中的比重偏低，它所必然对应的另一面是，其他生产要素比重走高造成了劳动报酬比重走低。改善这个比重关系，就需要研究各生产要素的关系。目前初次分配可得数字是由国家统计数据中“地区生产总值收入法构成项目”计算的，该组数据包括了初次分配中的四项构成：劳动者报酬、生产税净额、固定资产折旧、企业盈余。这容易使人理解为劳动报酬比重偏低就等于劳资关系失衡，但从四项构成的复杂性和生产要素构成变化及原因看，劳动者报酬比重偏低所对应的其他要素比重偏高具有复杂性，不能简单归为劳动和资本的关系。因此，提高劳动者报酬占比，不是单靠提高劳动者报酬可以解决，而是要同时能够使劳动报酬之外的其他构成要素占比下降才可以有效。

二是不同劳动报酬之间的关系及其调整。提高劳动报酬占初次分配比重，无疑对促进消费和共同富裕有重要作用，对改善国民收入格局是必须的，但并不必然能够遏制收入差距过大，更重要的还在于调节劳动报酬内部的结构。直接提高明显低端的劳动者报酬，要首先重视农民工的待遇，最终消化最大的一块收入分配差距。还应当加快事业单位绩效工资制度的改革，提高教师、科研、医生等专业技术人员的工资水平。在此基础上，各行业都要逐步建立正常的工资增长机制，合理调控行业差距，破除垄断，控制垄断行业的高收入，规范高收入的取得。

二、完善初次分配机制

完善劳动、资本、技术、管理、数据等要素按贡献参与分配的初次分配机制。实施就业优先战略和更加积极的就业政策，扩大就业创业规模，创造平等就业环境，提升劳动者获取收入能力，实现更高质量的就业。深化工资制度改革，完善企业、机关、事业单位工资决定和增长机制。推动各种所有制经济依法平等使用生产要素、公平参与市场竞争、同等受到法律保护，形成主要由市场决定生产要素价格的机制。

促进就业机会公平。大力支持服务业、劳动密集型企业、小型微型企业和创新型科技企业发展，创造更多就业岗位。完善税费减免和公益性岗位、岗位培训、社会保险、技能鉴定补贴等政策，促进以高校毕业生为重点的青年、农村转移劳动力、城镇困难人员、退役军人就业。完善和落实小额担保贷款、财政贴息等鼓励自主创业政策。借鉴推广公务员招考的办法，完善和落实事业单位公开招聘制度，在国有企业全面推行分级分类的公开招聘制度，切实做到信息公开、过程公开、结果公开。

提高劳动者职业技能。健全面向全体劳动者的职业培训制度，足额提取并合理使用企业职工教育培训经费，保障职工带薪最短培训时间。新增财政教育投入向职业教育倾斜，逐步实行中等职业教育免费制度。建立健全向农民工免费提供职业教育和技能培训制度。完善社会化职业技能培训、考核、鉴定、认证体系，规范职业技能鉴定收费标准。提高技能人才经济待遇和社会地位。

促进中低收入职工工资合理增长。建立反映劳动力市场供求关系和企业经济效益的工资决定及正常增长机制。完善工资指导制度，建立统一规范的企业薪酬调查和信息发布制度。根据经济发展、物价变动等因素，适时调整最低工资标准，到2015年绝大多数地区最低工资标准达到当地城镇从业人员平均工资的40%以上。研究发布部分行业最低工资标准。以非公有制企业为重点，积极稳妥推行工资集体协商和行业性、区域性工资集体协商，到2015年，集体合同签订率达到80%，逐步解决一些行业企业职工工资过低的问题。落实新修订的劳动合同法，研究出台劳务派遣规定等配套规章，严格规范劳务派遣用工行为，依法保障被派遣劳动者的同工同酬权利。

加强国有企业高管薪酬管理。对部分过高收入行业的国有及国有控股企业，严格实行企业工资总额和工资水平双重调控政策，逐步缩小行业工资收入差距。建立与企业领导人分类管理相适应、选任方式相匹配的企业高管人员差异化薪酬分配制度，综合考虑当期业绩和持续发展，建立健全根据经营管理绩效、风险和责任确定薪酬的制度，对行政任命的国有企业高管人员薪酬水平实行限高，推广薪酬延期支付和追索扣回制度。缩小国有企业内部分配差距，高管人员薪酬增幅应低于企业职工平均工资增幅。对非国有金融企业和上市公司高管薪酬，通过完善公司治理结构，增强董事会、薪酬委员会和股东大会在抑制畸高薪酬方面的作用。

完善机关事业单位工资制度。建立公务员和企业相当人员工资水平调查比较制度，完善科学合理的职务与职级并行制度，适当提高基层公务员工资水平；调整优化工资结构，降低津贴补贴所占比例，提高基本工资占比；提高艰苦边远地区津贴标准，抓紧研究地区附加津贴实施方案。结合分类推进事业单位改革，建立健全符合事业单位特点、体现岗位绩效和分级分类管理的工资分配制度。

健全技术要素参与分配机制。建立健全以实际贡献为评价标准的科技创新人才薪酬制度，鼓励企事业单位对紧缺急需的高层次、高技能人才实行协议工资、项目工资等。加强知识产权保护，完善有利于科技成果转移转化的分配政策，探索建立科技成果入股、岗位分红权激励等多种分配办法，保障技术成果在分配中的应得份额。完善高层次、高技能人才特殊津贴制度。允许和鼓励品牌、创意等参与收入分配。

多渠道增加居民财产性收入。加快发展多层次资本市场，落实上市公司分红制度，强化监管措施，保护投资者特别是中小投资者合法权益。推进利率市场化改革，适度扩大存贷款利率浮动范围，保护存款人权益。严格规范银行收费行为。丰富债券基金、货币基金等基金产品。支持有条件的企业实施员工持股计划。拓宽居民租金、股息、红利等增收渠道。

建立健全国有资本收益分享机制。全面建立覆盖全部国有企业、分级管理的国有资本经营预算和收益分享制度，合理分配和使用国有资本收益，扩大国有资本收益上交范围。适当提高中央企业国有资本收益上交比例，“十四五”期间在现有比例上再提高5个百分点左右，新增部分的一定比例用于社会保障等民生支出。

完善公共资源占用及其收益分配机制。建立健全资源有偿使用制度和生态环境补偿机制。完善公开公平公正的国有土地、海域、森林、矿产、水等公共资源出让机制，加强对自然垄断行业的监管，防止通过不正当手段无偿或低价占有和使用公共资源。建立健全公共资源出让收益全民共享机制，出让收益主要用于公共服务支出。

建立健全促进农民收入较快增长的长效机制。坚持工业反哺农业、城市支持农村和多予少取放活方针，加快完善城乡发展一体化体制机制，加大强农惠农富农政策力度，促进工业化、信息化、城镇化和农业现代化同步发展，促进公共资源在城乡之间均衡配置、生产要素在城乡之间平等交换和自由流动，促进城乡规划、基础设施、公共服务一体化，建立健全农业转移人口市民化机制，统筹推进户籍制度改革和基本公共服务均等化。

推动形成公开透明、公正合理的收入分配秩序。大力整顿和规范收入分配秩序，加强制度建设，健全法律法规，加强执法监管，加大反腐力度，加强信息公开，实行社会监督，加强基础工作，提升技术保障，保护合法收入，规范隐性收入，取缔非法收入。

第三节　再分配与共同富裕

再分配是实现共同富裕的重要环节，要完善再分配制度，提高再分配在收入分配中的比重和调节力度，积极发挥再分配的调节作用。“要深化收入分配制度改革……完善以税收、社会保障、转移支付为主要手段的再分配调节机制。”①完善再分配调节机制不仅有利于调节资源配置，提高福利资源的使用效率，实现要素均衡流动，并提供与制度相匹配的物质条件；而且有利于降低居民基尼系数，追求社会公平，实现共同富裕。

①《习近平总书记系列重要讲话读本》，学习出版社、人民出版社2016年版，第217页。

一、再分配的内涵和方式

再分配，是国民收入继初次分配之后在整个社会范围内进行的分配，是指国家的各级政府以社会管理者的身份通过财政税收等手段，通过社会福利、保险、医疗等方面提供给公民的保障。国家再分配方式主要有两种：一是政府相关部门在充分调研和掌握第一手资料的基础上，运用高科技和大数据为广大民众提供普遍的、公平的、高质量的公共服务，并通过税收、转移支付等财税机制将部分劳动剩余直接转移到贫困者手中，从而抑制、避免或弥补由市场机制负面效应所带来的巨大民生代价；二是通过政府产业基金项目等市场运作形式，将财政资金的一部分用于发展特色产业和新兴产业，所得利润用于改善民生。譬如，以政府财政资金和国有资本为主体、以社会资本为重要组成的政府产业发展基金，被广泛投入到贫困区产业扶贫领域并取得预期效果。在这里，政府不是将财政资金直接转移支付到贫困人口手中，而是将其通过市场运作形成产业利润并按法定或约定比例分配给贫困者，因而是一种间接分配方式。

二、再分配对推动共同富裕的重要作用

从供给侧来看，再分配可激活以企业为主体的社会创富活力，促进企业高质量供给的平衡性和充分性。随着经济转型的升级以及生产、贸易和金融的区域化、全球化程度进一步加深，我

国政府将财税政策中的降低企业增值税、社会保险费率与加大企业孵化及其技术创新投入相结合，通过激活微观主体活力，提升内生性技术研发能力，释放创新红利和人才红利，以改善市场供给过剩与市场空缺并存现状，从而真正发挥降低生产成本，增加规模报酬，催生庞大市场消费潜力的规模经济效应。同时，我国政府又将财税政策与金融政策、产业政策、区域政策相结合，加快提升高技术产业支撑力，推进区域乃至全球经济治理一体化进程，使单个企业进一步适应区域化和全球化生产的新要求，进而在更大规模、更深程度上提升企业供给的质量和效益。

从需求侧来看，再分配以不断满足人民日益增长的美好生活需要为出发点和归宿。面对14亿多人口的经济体量，广大劳动者的有效需求仍未得到平衡、充分满足的现实困境，我国政府实行包括社保补贴、贷款贴息及定额税费减免在内的“就业优先”政策，并拿出千亿元失业保险基金和其他培训资金，大力发展现代职业教育，建设知识型、技能型、创新型劳动者大军，满足新增劳动力对数量更充分、质量更高的就业岗位的需求，从而缓解劳动力市场供给与岗位需求之间的结构性矛盾。与此同时，各级政府在自身“节流”中努力为劳动者“开源”和“增收”。比如，实施以降低起征点和个税专项附加扣除为基本内容的普惠性减税政策，增加工薪阶层收入及其购买力，为满足广大劳动者日益增长的美好生活需要提供基本的物质条件。

需要指出的是，再分配政策若超出市场经济制度所能够容纳的调节空间，经济体制运行压力就会增大，并会以自身衍生出来的防卫机制来对抗国家过度分配所带来的新的经济危险。比如，国家运用财政政策增加公共投资，扩大就业，从而刺激有效需求；但若超出市场经济制度自我调节的既定空间，则极易造成财政赤字、政府负债、社会投机、民众失业及其生活压力骤升等局面。所以，再分配是有限度的。国家再分配因超出市场调节功能限度而造成的经济不稳，甚至比市场自发调节所带来的负面后果更加严重。

再分配对供给侧和需求侧的调节，根源于个人利益与他人利益的不一致性，亦即个人利益的完全实现并非等同于或意味着社会整体利益的实现。再分配即是对利益的协调和平衡，从而维护供给和需求的有效和公平。市场调节客观存在自发性、盲目性和滞后性，易引发结构失衡、物价不稳、环境污染、两极分化等问题。从个人利益与社会利益关系角度看，这是企业或个人自发行为对社会整体利益所造成的干扰或破坏。牺牲部分社会利益换来个人利益的增加，对其他未获得相同利益的社会成员而言显然是非正义的。因此，国家需要调节个人利益与社会利益的关系，亦即从社会整体利益出发，运用包括财税政策和收入政策在内的再分配政策对国民收入和社会福利进行总量分配和定向分配，最终达到调结构、提效益、稳物价、防风险、重环保、扩就业、惠民生的预定目标。国家以再分配调节个人利益和社会利益关系，不是要否定个体效率及个人利益，而是要在高质量发展中有效增进个人利益与社会整体利益的协调性和平衡性。为此，国家再分配政策的制定和实施要有利于激发全体人民特别是受过高等教育或拥有专业技能的人才的报国情怀、奋斗精神和创新活力；激活民营企业为劳动者提供股份，使劳资双方共享企业利润的股权分配机制；激励各类企业将其更多的劳动剩余用于改善职工生活，使职工工资增长与劳动生产率提升相同步。中国政府只有在动态处理眼前与长远、局部与整体、生存与发展、效率与公平的辩证关系中适度进行再次分配，才有可能使企业在顺应经济发展周期，从时空维度获取经济增长的全球化机遇和信息化条件的同时，真正将维护社会利益作为企业自身所要遵守的根本责任。

三、健全再分配调节机制

加快健全以税收、社会保障、转移支付为主要手段的再分配调节机制。健全公共财政体系，完善转移支付制度，调整财政支出结构，大力推进基本公共服务均等化。加大税收调节力度，改革个人所得税，完善财产税，推进结构性减税，减轻中低收入者和小型微型企业税费负担，形成有利于结构优化、社会公平的税收制度。全面建成覆盖城乡居民的社会保障体系，按照全覆盖、保基本、多层次、可持续方针，以增强公平性、适应流动性、保证可持续性为重点，不断完善社会保险、社会救助和社会福利制度，稳步提高保障水平，实行全国统一的社会保障卡制度。

集中更多财力用于保障和改善民生。加大对教育、就业、社会保障、医疗卫生、保障性住房、扶贫开发等方面的支出，进一步加大对中西部地区特别是革命老区、民族地区、边疆地区和贫困地区的财力支持。严格控制行政事业单位机构编制，控制领导职数，降低行政成本。坚决反对铺张浪费，严格控制“三公”经费预算，全面公开“三公”经费使用情况。

加大促进教育公平力度。合理配置教育资源，重点向农村、边远、贫困、民族地区倾斜。全面落实九年义务教育免费政策，严格规范教育收费行为。进一步完善普通高中、普通本科高校、中等职业学校和高等职业院校家庭经济困难学生国家资助政策，逐步提高补助标准。为家庭经济困难儿童、孤儿和残疾儿童接受学前教育提供补助。切实解决农民工随迁子女平等接受义务教育和参加当地中考、高考问题。

加强个人所得税调节。加快建立综合与分类相结合的个人所得税制度。完善高收入者个人所得税的征收、管理和处罚措施，将各项收入全部纳入征收范围，建立健全个人收入双向申报制度和全国统一的纳税人识别号制度，依法做到应收尽收。取消对外籍个人从外商投资企业取得的股息、红利所得免征个人所得税等税收优惠。

改革完善房地产税等。完善房产保有、交易等环节税收制度，逐步扩大个人住房房产税改革试点范围，细化住房交易差别化税收政策，加强存量房交易税收征管。扩大资源税征收范围，提高资源税税负水平。合理调整部分消费税的税目和税率，将部分高档娱乐消费和高档奢侈消费品纳入征收范围。研究在适当时期开征遗产税问题。

完善基本养老保险制度。全面落实城镇职工基本养老保险省级统筹，实现基础养老金全国统筹。分类推进事业单位养老保险制度改革，研究推进公务员养老保险制度改革。提高农民工养老保险参保率。健全城镇居民和新型农村社会养老保险制度。建立兼顾各类人员的养老保障待遇确定机制和正常调整机制。发展企业年金和职业年金，发挥商业保险补充性作用。扩大社会保障基金筹资渠道，建立社会保险基金投资运营制度。

加快健全全民医保体系。提高城镇居民基本医疗保险和新型农村合作医疗筹资和待遇水平，整合城乡居民基本医疗保险制度。稳步推进职工医保、城镇居民医保和新农合门诊统筹。提升基本医疗保险政策范围内医保基金支付水平，明显缩小与实际住院费用报销支付比例的差距。建立城乡居民大病保险制度，完善城乡医疗救助制度。全面实现统筹区域和省内异地就医即时结算。逐步增加人均基本公共卫生服务经费，提高基本公共卫生服务水平。

加大保障性住房供给。建立市场配置和政府保障相结合的住房制度，加强保障性住房建设和管理，满足困难家庭基本需求。持续增加保障房供给，提高全国城镇保障性住房覆盖面。

加强对困难群体救助和帮扶。健全城乡低收入群体基本生活保障标准与物价上涨挂钩的联动机制，逐步提高城乡居民最低生活保障水平。提高优抚对象抚恤补助标准。建立健全经济困难的高龄、独居、失能等老年人补贴制度。完善孤儿基本生活保障制度，推进孤儿集中供养，建立其他困境儿童生活救助制度。建立困难残疾人生活补贴和重度残疾人护理补贴制度。

第四节　第三次分配与共同富裕

第三次分配是实现共同富裕的重要手段，是初次分配和再分配的重要补充。党的十九届四中全会指出，“重视发挥第三次分配作用，发展慈善等社会公益事业”。这是党中央首次明确以第三次分配为收入分配制度体系的重要组成，确立了慈善等公益事业在我国经济社会发展与共同富裕中的重要地位。在建立完整、高效、规范的初次分配和再分配体系基础上，有序引导社会力量，整合社会资源构建三次分配制度安排，使有效市场、有为政府和有爱社会相结合，有助于补充初次分配和再分配，传递社会共治力量，建构共同富裕的爱心基础。

一、第三次分配的内涵和特性

从组织的角度来看，第三次分配的主体是公益慈善机构，相对于市场和政府，公益慈善机构具有特殊作用，它既不以市场营利为目标，也不具有政府的管制作用，但是其公益性质使其带有浓厚的公益和道德色彩。通常情况下，第三次分配主要是指在道德、文化、习惯等影响下，社会力量自愿通过民间捐赠、慈善事业、志愿活动等方式，进行扶贫济困、关怀弱势群体等，是对再分配的有益补充。

与初次分配和再分配相比，第三次分配具有鲜明的特性。

一是社会性。如果说市场的初次分配属于私人性的范畴，是在私人性的基础上的生产、交换和流通，那么有组织的、以国家机器为后盾的政府再分配则带有公共性的特征，是基于权力以国家强制力为后盾的再分配制度。而第三次分配则发生在“介于私人和国家之间的广泛的社会参与领域”，是社会性主体在自愿参与过程中形成的道德性社会资源的再次分配，它超越了私人领域的私有性，也超越了以国家强制力为后盾的公共性，充分体现了运用公益资产实现社会公益分配的社会公共性特征。在中国，公益慈善事业既不能完全属私，也不能完全属公，而是被扩展为私人或者公共机构为了实现公共利益而采取的志愿行动。所以第三次分配是中国政治经济环境下的特殊概念。这种社会的包容性使得第三次分配的实现需要社会各方都能够自愿地参与进来，依据社会价值理念，运用公益资产来开展资源的再分配。

二是道德性。第一次分配主要以市场为载体，追求自由竞争和效率至上的市场准则；由政府主导的第二次分配主要通过财税手段调节分配不均，强调公平正义的价值诉求；由公益组织主导的第三次分配主要以公益慈善事业为载体，道德的力量是分配正义的关键。第三次分配有别于财税制度支撑下的政府分配行为，社会公共利益诉求的达成源于企业、民间组织、公民个体的社会责任、思想境界和志愿精神，是一种公共行为和公共责任，个体对公共利益的认同和归属是慈善事业发展的内在动因，具有公平、公开、透明、奉献的社会意蕴。在此意义上，道德成为公平正义的重要调节手段，成为第三次分配得以实现的主导力量。

三是民间性。公益慈善组织是从事社会公益慈善事业和致力解决社会性问题的具有民间志愿性质的社会中介组织。公益慈善组织的本质属性是民间性，由民间机构和社会人士依据法律法规设立和运作。为使慈善组织回归民间性质，我国近年来大力推动慈善组织“去行政化”，努力让社会公益人士领导慈善组织，让慈善组织摆脱行政化模式，取得重要进展。民政部门负责人指出，今后要按照党委领导、政府推动、民间运作、行业发展、制度规范、全民参与的发展方针，进一步完善慈善事业的管理体制和运行机制。

四是公益性。第三次分配是指向非营利的一种资源分配方式，也就是各方参与第三次分配并不是要从这种资源转移中获得自己私人的物质利益。虽然社会企业作为新的组织形式逐渐在第三次分配中得到认可，不过其也应是公益性的。只有这样，社会企业才能同其他性质的企业形式区分开来。公益性仍然是第三次分配的基本属性，而人本身是趋利避害的个体，具有为己的本能。因此，人们要自愿地为公益而行动还需要精神境界的提升，使个体从物质需要的满足转向尊重的需要和自我实现的需要的满足。个体的这种提升也有赖于整个社会的文明的提升。这就需要由社会的合力来推动和调动各方，这种调动包括动员、鼓励、调适等各种方法。可以说，如果没有这种动员机制的调动，以公益性作为本质特征的、全社会各方参与的第三次分配就很难形成。公益性、非营利性十分强调政府购买服务的方式——政府通过转变职能，把那些可以由社会组织承担的职能，通过向公益组织购买服务，实现公共服务的目的，而不再由政府直接提供服务。政府购买公益服务的方式，是国际公益慈善事业发展的惯例。这种方式，可以极大地减轻政府的负担，降低政府行政成本，提高服务效率。同时，还可以增加公益组织的经费来源，提高专业水平，促进公益慈善组织尽快发展壮大。

五是自愿性。公益慈善的另一个突出特点是自愿性，即出自自愿的动机行为，不是被动而为。相应地，第三次分配也是更多地出于自愿而不是强制。更多的企业和社会成员参与到公益慈善事业中来，从根本上体现了社会的文明进步，是对善治理念的发扬。发达的公益慈善事业，是道德力量的作用，而政府公共服务体现的是行政力量的作用，其背后是政府的强制力。这也是公益事业与政府行为的根本区别。一些时候我国现阶段还存在强迫捐款、强迫从事公益慈善事业的个别现象，这是违背公益慈善事业初衷和本意的，不是真正意义上的公益慈善，需要在第三次分配制度创新建构的进程中努力克服和避免。这一现象也表明我国公益慈善事业还处在发展的初级阶段。

二、第三次分配对推动共同富裕的重要作用

随着时代变迁和环境变化，人们对慈善事业和第三次分配的认识也在不断深化。1949年到1978年，“慈善”被解释为剥削阶级欺骗、麻痹人民的手段，社会对慈善持否定态度。1978年到1994年，慈善事业处于起步阶段，社会对慈善的态度从否定转向模糊，开始设立基金会吸引社会捐赠，尤其是海外捐赠。1994年到2004年，社会对慈善的态度发生了很大转变，从否定、模糊逐步转向鼓励。1994年“中华慈善总会”成立，官方媒体开始使用“慈善”一词。也正是在这一时期，提出了“第三次分配”的概念。2004年到2019年，政府进一步认识到慈善事业在社会经济发展中的作用。2004年，党的十六届四中全会决议指出，“健全社会保险、社会救助、社会福利和慈善事业相衔接的社会保障体系”。在党的文件中，这是第一次明确将慈善事业作为社会保障体系的组成部分。2005年，政府发布了《中国慈善事业发展指导纲要（2006—2010年）》，开始制度化推动我国慈善事业的发展。2016年，随着《慈善法》的出台，我国慈善事业领域出台了一系列配套政策，力度之大，前所未有。2019年至今，党和国家对第三次分配和公益慈善事业的认知更为深刻，将其作为调节收入分配、促进共同富裕的重要手段和实现国家治理体系和治理能力现代化的重要内容。

第三次分配是促进全体人民共同富裕的重要手段。共同富

裕是社会主义的本质要求。实践证明，平均分配并不能有效满足所有人的需求，而且由于阻碍社会生产力的发展，反而无法实现共同富裕的目标。因此，在市场经济条件下，通过市场配置资源，决定劳动要素的报酬，实现了第一次分配。第一次分配追求效率，通过竞争机制，让一部分人先富起来。然而，第一次分配的缺点在于容易导致富人越富、穷人越穷，甚至引发社会矛盾和冲突。因此，需要政府通过建立社会保障体系、开展脱贫攻坚、财政转移支付等手段进行第二次分配。如果第二次分配的比重过高，不仅会抑制社会的内生动力，而且可能会导致养懒人、财政不堪重负等问题，最终影响共同富裕目标的实现。因此，还需要基于自愿和爱心基础的慈善事业，对收入和财富分配进行有效调节。总的来说，第三次分配与第一次、第二次分配是相互补充的关系，通过发挥三次分配对收入和财富的共同调节作用，有助于全体人民共同富裕取得更为明显的实质性进展。

第三次分配是社会主义精神文明建设的重要方式，也是实现人民群众精神生活共同富裕的重要手段。第三次分配的意义绝不仅仅在于其具有收入调节的功能，更重要的在于通过开展慈善教育启迪爱心；通过实施慈善项目或活动，为人们搭建奉献爱心的平台，促使爱心转化为善行。市场经济的功能在于通过竞争机制有效配置资源，但其局限在于容易引发“公地悲剧”和贫富差距，正因如此，才更需要通过发展慈善事业，弘扬责任意识和利他奉献精神，弥补市场经济的局限。客观地说，第三次分配的规模非常有限，2019年，我国社会捐赠总额为1509.44亿元，占GDP的比重仅为0.15%，占财政总收入的0.79%。即使是慈善事业最发达的美国，2020年慈善捐赠总额为4714.4亿美元，占GDP的比重为2.2%左右，占财政收入的6.4%左右。然而，慈善事业或者第三次分配的意义绝不仅仅在于资金的规模，更在于其道德与价值层面的功能，特别是在市场经济条件下，面对社会道德滑坡，大力发展慈善事业，发挥第三次分配的作用，具有重要意义。

第三次分配有助于保持社会的活力和创新力。第二次分配是国家利用行政手段对收入分配结构的强制性调节。提高第二次分配在收入分配中的比重，往往意味着税收的提高和福利水平的提升。一般而言，第二次分配的比重过低，不利于发挥政府的调节功能，不利于缩小地区差距、城乡差距和贫富差距，但第二次分配比重也不是越高越好，比例过高，会增加企业和个人的税赋，抑制社会的活力。以高税收和高福利为特征的福利制度，曾经给西欧福利国家带来了严重的财政负担和福利危机，这种福利模式，“鼓励人们紧紧抓住其国家提供不起的福利待遇不放，非但不能使人们增强信心，反而使人们对未来产生担忧，使人们更关心捍卫现有的东西，而不是去创造还没有的东西”。相比而言，第三次分配更有利于激发社会的活力和提升国家竞争力。一方面，第三次分配是在不增加税赋的前提下，基于自愿和爱心驱动，实现对收入分配的调节，更有利于激发企业和个人的发展动能。而为企业减税，也有助于提升企业在全球市场的竞争力；另一方面，国内外经验表明，通过发挥慈善组织的灵活性和创新性的优势，能够及时发现社会的新需求或未被满足的需求，并探索解决社会问题的创新模式，更不容易出现养懒人的现象或者培养“等靠要”的“贫穷文化”，可以在促进公平的同时，保持社会的创新活力。

三、积极提升第三次分配在共同富裕中的作用

改革开放以来，特别是进入新时代，我国慈善事业快速发展，第三次分配在收入调节中的作用日益增大。然而，当前我国慈善事业和第三次分配进入了一个发展的瓶颈期，与共同富裕的需求有很大距离。从2017年至2019年，我国慈善捐赠基本在1500亿元左右徘徊，捐赠规模占GDP的比重不足0.2%，远低于美国占GDP比重的2%的捐赠水平。可见，第三次分配在实现全体人民共同富裕中的作用还有很大的提升空间。提升第三次分配在共同富裕中的作用，关键是要明晰第三次分配的治理路径，推动第三次分配理念的落地实施。①

大力弘扬中华传统文化中的慈善精神。第三次分配本身所富含的道德、思想、文化和精神内容，其中大量来自传统文化，植根于传统文化，也是中华优秀传统文化发扬光大的必由之路。中国特色社会主义制度为全人类公益慈善事业发展提供了独特的中

① 白光昭：《第三次分配：背景、内涵及治理路径》，《中国行政管理》2020年第12期。

国方案，对此我们有足够的自信。我们要大力弘扬传统文化中优良的公益慈善精神，更要努力探索中国特色社会主义公益慈善事业。在国际交往中，政府、企业、公益组织都有互相不可替代的作用。要充分发挥各类公益慈善组织的作用，发挥红十字会、慈善总会、各类基金会，尤其是我国在境外的商会、同乡会、同学会、联谊会、学联等组织的作用。同时，公益慈善又是人类共同的价值追求，因而要强化公益慈善的国际交流与合作，特别是在应对老龄化社会、消除贫困、减灾防灾、气候变化、重大传染性疾病防控、网络信息安全等领域传递中华文明，在“一带一路”中积极贡献中国慈善力量的治理方案与智慧，着力构建全球慈善命运共同体。

积极为公益慈善事业的发展创造良好的环境。一方面，政府应大力扶持公益慈善力量的发展。中国特色社会主义的一个显著优势，是政府具有强大的动员能力，可以集中力量办大事。公益慈善事业的发展和其他许多具有重要意义的事业一样，必须得到政府的大力推动，否则，单纯依靠民间力量的自我发展，很难取得重大进展。中国的公益慈善事业还面临许多困难，全社会还没有形成健康可持续的环境氛围，许多公益慈善机构步履维艰，法律、政策、制度、人才等存在许多制约和瓶颈。需要政府在全社会大力弘扬公益慈善精神，引导提高公益慈善意识，动员社会力量广泛参与公益慈善活动，为公益慈善事业发展营造氛围、搭建平台、创造有利条件。另一方面，政府要为公益慈善事业的发展提供公平正义的法治环境。政府要充分发挥法治权威，营造公平、公正、公开的法治环境。加强立法，建立健全促进公益慈善事业发展的法律法规体系。严格执法，维护合法权益，打击非法行为。强化日常监管，严格登记、监管、执法等行政行为。此外，公益慈善的民间性，还要求政府尽量不要直接办公益，可以更多地由官办转向民办公助。在市场经济不发达的时期，社会服务主要靠政府提供，政府成立了许多公益组织和机构。随着市场经济的日趋成熟发展，要着力实行政府和公益慈善机构的分离，结合政府机构改革和事业单位改革，公务员、参照公务员人员、事业编制人员要逐渐退出公益慈善机构。政府对公益慈善事业的支持，应该避免包办代替，大包大揽，而是应该放开手脚让公益慈善机构本身能够茁壮成长，大有可为。

构建人人参与公益的慈善氛围。社会成员对公益慈善参与的程度，即参与的广度和深度，是衡量一个社会文明程度的重要标志。公益慈善不仅是钱和物的事情，更是精神和道德层面的事情，是第三次分配的重要思想来源。而公益慈善的主体力量，正是最广泛的人民，这就是公益慈善事业的大众性。公益慈善应该成为一种价值观，一种社会理念，一种社会风尚。要发动更多的人参与到公益慈善事业中来，不仅是更多的富人，也包括更多有爱心、有担当、有责任的普通民众。提倡人人公益，人人参与，人人奉献，人人受益，即人人都要关心他人，热心公益，奉献社会。一个人的能力有大小，但要有公益慈善精神。企业家等富裕人士由于具有较强的经济实力，在公益慈善事业中发挥着重要作用，是毋庸置疑的，特别是在经济相对不发达的国家、地区，在经济相对落后的发展阶段尤其如此。但公益慈善不应该仅仅是富人们的事情。每个社会成员都要树立公益慈善意识，提高公益慈善的自觉性。每个社会成员献出的一点爱，会凝聚成强大的公益力量。因此，要促进第三次分配的制度创新和良性发展，就必须在全社会形成广泛的仁爱、慈善意识。

推进公益慈善事业的专业性建设。面对公益慈善事业大发展的历史机遇，公益慈善的专业性建设问题必须引起高度重视。公益慈善事业绝不是有了钱就够了。公益慈善事业需要良好的制度安排和相关政策支持，需要高水平的组织架构和高素质的工作人员。公益慈善事业的组织人员、管理人员和技术人员，不仅需要有较高的道德修养，有热情和爱心，还要有良好的知识素养、强劲的专业能力和高尚的人格操守，还需要掌握必要的专业知识和专业技能。公益慈善活动从资金的募集、运营，到项目的策划、实施、监督，再到人员的招募和管理等，都具有很高的专业素养。每一个具体项目也是如此，如养老、助残、救助、救治、卫生、环保等事业，都需要一定的专业技术和专业素养，也需要专业的管理技能和管理素养。我国从事公益慈善事业的人员大约有1000万，从业人员专业化水平不高，亟待加快公益慈善教育事业的发展。国家应该积极倡导和扶植在高等学校中开设公益慈善专业，并开展相应的在职教育、学历教育，加强对公益慈善管理人员、技术员和志愿者的教育、培训、训练，实现公益慈善事业的专业性发展，为第三次分配制度创新实践奠定扎实的专业基础。

运用现代科学技术推进公益慈善事业治理的现代化。互联网的应用和信息时代的到来，为公益慈善事业的发展提供了难得的历史机遇，也带来了空前的挑战。一方面，技术的进步，使得公益慈善正在发生革命性的变革。人们可以不受时间和空间的限制，随时随地参与公益慈善活动。同时，从事公益慈善活动的方式也更加方便灵活，使得公益慈善更加贴近大众，成为人人都可参与的志愿行动。数字技术助力公益慈善的大众性得到了更为充分的彰显，灵活的运营手段鼓励引导更多的公众参与到公益慈善事业中来。许多网络平台开展了丰富多彩的公益活动，特别是公益导向的电商带货促销活动火爆网络，一大批知名大企业纷纷成立互联网公益机构，网络公益事业蓬勃发展，前景无限。另一方面，互联网和信息通信技术的发展，也为一些不法之徒的不法行为提供了可乘之机，“诈捐”“骗捐”“强捐”等乱象时有发生，需要政府加强网络安全管理，公民和社会组织提高防范意识，严厉打击不法行为，营造良好的公益慈善网络生态环境。

强化公益慈善事业的公信力建设。公益慈善组织的公信力是其存在的根本，没有了公信力，公益慈善组织的生存就会难以为继。公益慈善组织制度不规范，管理不完善，组织架构混乱，专业人才乏力，造成事故频发，经常成为社会焦点，为社会公众所诟病。公益慈善组织在强调自律的同时要注重他律，但自律是根本。增强公益慈善组织运行的规范、公开、透明，是其取得公信力的必由之路。公益慈善组织必须加强自身建设，完善内部管理，提高制度化、规范化、专业化水平，特别是要注重引进专业人才，强化专业培训，提升专业素质。只有形成健康良好的治理生态，才能不断提升公益慈善组织的社会公信力，使其树立良好社会形象，才能保障和促进公益慈善事业的蓬勃发展。

推动“善经济”的发展。“善经济”的发展为第三次分配提供了必要的道德资源，而社会企业则是创造“善经济”的重要载体。社会企业作为近年来兴起的新生事物，这类企业首先是企业，按照企业组建和运营。但这类企业又不同于一般的传统企业，根本不同在于这类企业的发展目标不是利润的最大化，企业的盈利主要不是用于股东分红，而是用于公益慈善事业，或者用于再投资，依托投资收益进一步支持发展公益慈善事业，这种现象称为“善经济”。随着社会企业日新月异的发展，“善经济”的经验理念日益引起人们的关注并深入人心。除了社会企业本身，老龄事业、社会福利事业等，都可以发展成为“善经济”。生态文明、环境保护等项目，也可以采取“善经济”的公益运营方式加以推进。这一模式既可以创造经济价值，也可以创造社会价值，促使公益性与商业性、营利性有机结合起来，从对立冲突走向和谐共赢。

积极完善第三次分配的体制机制。一是要不断完善第三次分配的价值引领。第三次分配需要形成一个公益型的社会，其核心在于道德与价值的分配，所以需要以社会主义核心价值观为理论指导，在全社会形成人人公益、人人向善、人人共享的文化氛围，为第三次分配的实现奠定价值基础；二是要不断改革与完善第三次分配的体制。第三次分配是以公益慈善力量为核心的，而公益慈善又属于社会组织的范畴。因此，需要改革慈善体制，特别是社会组织管理体制，增强社会组织的独立性，构建政府、市场、社会组织相互合作、相互促进的社会治理格局与管理体制；三是需要不断完善第三次分配的制度体系。这些制度包括公益企业的税收减免制度、慈善组织的捐赠制度、社会救助制度等。进而从价值层面、制度供给、组织架构、实现机制、利益平衡和政策工具等方面，形成实现第三次分配制度创新的治理之道。

第七章
以制度系统集成创新扎实推动共同富裕

扎实推动共同富裕，需要合理的制度安排，需要不断完善中国特色社会主义制度体系。无论是起点公平，还是初次分配、再分配、第三次分配，其效能的发挥，从根本上都依赖于中国特色社会主义制度体系，依赖于制度系统集成创新。当前，我们已经有了中国特色社会主义根本制度、基本制度和重要制度，为扎实推动共同富裕奠定了极其关键的制度基础和保障。但是也要看到，由于有些制度还不完善甚至缺位，难以产生配套功效，在实践中还不能自动有效实现共同富裕的目标。站在新时代新发展阶段的历史方位，要更加重视共同富裕制度的创新、制度的完善、制度的配套、制度的执行，以制度系统集成创新扎实推动共同富裕。

第一节　扎实推动共同富裕需要制度的系统集成创新

制度管根本、管长远。实现共同富裕，要不断提升国家治理的整体效能，发挥中国特色社会主义制度的显著优势。历史地看，中国共产党利用社会主义制度创新推动共同富裕有智慧、有办法。新民主主义革命时期，党领导实施了土地革命、发展经济，改变和保障人民生活。社会主义革命和建设时期，党通过土地改革、确立社会主义制度，努力改进改善人民生活水平。改革开放以来，党通过经济体制改革带动其他方面改革，发展生产力、解放生产力，为促进全体人民共同富裕而努力，取得了巨大成效。

可以说，我国已经形成以中国共产党领导制度为统领、凸显各方面体制优势、汇聚整体效能的科学制度体系，这一制度体系在应对我国发展环境深刻复杂变化、实现共同富裕这一艰巨任务的过程中发挥了极为重要的作用。其中，坚持和完善党的领导制度体系，发挥党的集中统一领导优势，是实现全体人民共同富裕的有力保证。面对地区差距、城乡差距、收入差距等发展不充分不平衡的问题，党中央能够宏观把握，统筹兼顾、协调各方，实现“全国一盘棋”，采取措施逐步缓解，直至有效解决。公有制为主体、多种所有制经济共同发展，按劳分配为主体、多种分配方式并存，社会主义市场经济体制等社会主义基本经济制度，既体现了中国特色社会主义制度的优越性，又同我国社会主义初级阶段社会生产力发展水平相适应，是党和人民的伟大创造。公有制为主体的所有制结构为全体社会成员共同拥有社会财富提供了制度保证；按劳分配原则能够保障创造财富的最大多数社会成员共享创造成果，生产要素由市场评价贡献、按贡献决定报酬是统筹效率与公平的体现。社会主义市场经济体制可以更有效地促进生产力发展，充分发挥市场在资源配置中的决定性作用，更好发挥政府作用，推动中国特色社会主义经济体制与共同富裕价值目标实现统一。

党的十八大以来，党中央推动区域协调发展，推动乡村振兴，采取有力措施保障和改善民生，打赢脱贫攻坚战，全面建成小康社会，为促进共同富裕创造了良好条件。但我们应该清醒地看到，我国发展不平衡不充分问题仍然突出，城乡区域发展和收入分配差距较大。新一轮科技革命和产业变革有力推动了经济发展，也对就业和收入分配带来深刻影响。更要看到，由于制度的缺失、不完善、不配套，在一些领域存在着制度的逆向调节，少数人、小团体不合法不合理暴富，与广大人民共同富裕要求背道而驰。为此，习近平总书记强调，现在已经到了扎实推动共同富裕的历史阶段。习近平总书记指出，“共同富裕是社会主义的本质要求，是中国式现代化的重要特征”①，要以高质量发展，“使全体人民朝着共同富裕目标扎实迈进”②，这是新时代共同富裕制度建设总的遵循。这就要求：为适应我国社会主要矛盾的变化，更好满足人民日益增长的美好生活需要，必须把促进全体人民共同富裕作为为人民谋幸福的着力点，不断夯实党长期执政的基础。因此，扎实推动共同富裕需要从方方面面去努力，特别是从制度方面加以推进，从制度的系统集成创新方面去考虑实现共同富裕

① 习近平：《扎实推动共同富裕》，《求是》2021年第20期。

② 习近平：《扎实推动共同富裕》，《求是》2021年第20期。

的问题。

习近平总书记在中央财经委员会第十次会议提出扎实推动共同富裕这个问题以后，引起社会极大的反响。老百姓关注，富裕起来的阶层关注，民营企业家关注，社会各方面都很关注。我们党站在新的历史发展阶段，在“十四五”开启全面建设社会主义现代化国家新征程开局伊始就提出扎实推进共同富裕这个重大问题，为我们全面建成社会主义现代化强国指明了奋斗方向，有理由充满期待。但是，社会上也有一些模糊认识和议论，还有一些猜想和担心，甚至还有偏激、错误的言论。试举如下：

“共同富裕仍然是少数人的富裕”：类似的观点还有“共同富裕对底层人民只是目标、理想”等。此类观点是对富裕“主体”的误解，未能认识到共同富裕如同“全面建成小康社会”那样是一个总体概念，错误地将少数人的先富理解为共同富裕的现实形态。实际上，共同富裕的主体既是不同区域、不同城市，也是14亿多人的每一个人。

“共同富裕就是大家钱多了就行”：此类观点是对富裕“内涵”的误解，认为共同富裕仅意味着物质富裕，狭隘地将财富、金钱与富裕画上了等号，忽视了共同富裕所包含的精神富足等要求，未能全面、完整地把握共同富裕的内涵，不能站在美好生活、高品质精神生活等角度理解共同富裕的内涵。

“搞共同富裕会降低市场效率”：类似的观点还有“共同富裕会使社会发展失去动力”等。此类观点是对实现共同富裕“意义”

的误解，未能理解共同富裕与社会发展方向的一致性。实际上，推动共同富裕有助于防止社会阶层固化，畅通向上流动通道，给更多人创造机会，推动机会的平等化，从而形成人人参与的发展环境。在此情况下，每个人的广泛参与将形成强大合力助推社会发展。

“共同富裕是没有差别的平均富裕”：此类观点是对富裕“标准”的误解，尤其是对“共同”的曲解，认为共同仅仅意味着无差别、平均主义，从而将贫富理解为“非富即穷”，漠视了在实现共同富裕中存在的个人、家庭、地区的差异性。实际上，共同富裕不是整齐划一的平均主义，必然在现实生活中表现在一定基础和标准之上的差异性；同样，“共同”强调了大家一起而非大家一样。

“西方的福利社会就是共同富裕”：此类观点是对富裕“道路”的误解，本质上是以西方模式套用于中国实现共同富裕的道路，盲目崇尚西方国家的国民福利措施，忽略了部分西方国家陷入“福利陷阱”的现实，没能认清社会主义的共同富裕与西方国家的福利社会的本质区别。

“共同富裕就是实现同时同步同等的富裕”：此类观点是对富裕“进程”的误解，没能认清我国在发展上存在的不平衡、不充分的现实问题，也未能认识到城乡差距、产业差距、贫富差距等客观差异，从而不能理解实现共同富裕不仅是动态发展的过程，也是循序渐进、因地制宜的历史进程。

“国家举全国之力将在短期内达成共同富裕”：此类观点是对实现富裕“任务”的误解，认为通过简单、激进的、短期的措施就可以立刻实现共同富裕，未能充分估计实现共同富裕的长期性、艰巨性、复杂性，从而将实现共同富裕当作了一蹴而就的事情。实际上，共同富裕的实现会经历一个较为漫长的过程，对此要有深刻的认识。

“之前强调‘效率优先’使得一部分人先富起来，现在只要强调‘公平优先’就能实现共同富裕”：此类观点是对实现富裕“关系”的误解，主要是未能正确处理效率和公平的关系，简单地将公平和效率视为非黑即白的关系。实际上，公平和效率辩证统一，二者在社会主义市场经济条件下具有一致性：效率为实现公平提供物质前提，公平则是提高效率的保证。因此，初次分配和再分配都要处理好效率和公平的关系，既要提高效率又要促进公平。

“共同富裕就是收入拉平”：类似的观点还有“共同富裕是劫富济贫、打土豪分田地”等。这类观点刻意放大了贫富差距，利用极端的财富分配手段曲解实现共同富裕的途径，未能认清先富和后富之间的关系，也没能把握生产和分配之间的关系，不能认识到财富是创造出来的，特别是没有理解“解放和发展生产力”这一社会主义根本任务。

“第三次分配是‘逼捐’通行证”：类似的观点还有认为“三次分配是‘道德绑架式慈善’”“推动共同富裕会挫伤企业家积极

性”等。这类观点反映了部分富裕人群对于第三次分配的焦虑，在一定程度上凸显了对第三次分配的规范性、制度性、法制性的担忧。实际上，这类观点忽视了三次分配的“自愿性”，未能理解三次分配所体现的责任意识和社会担当，未能认清三次分配对于财富分配整体仅起到补充作用，进而过度放大了三次分配的社会作用。

“共同富裕意味着政府什么都包下来”：这种观点夸大了政府在推动共同富裕方面的作用，认为通过政府包干的方式就能实现共同富裕，忽视了市场以及市场中的个人对于实现共同富裕的重要意义。实际上，促进共同富裕，政府不能什么都包，也包不起，重点是要加强基础性、普惠性、兜底性民生保障建设。

“共同富裕通过搭车方式便可实现”：这种观点认为共同富裕的实现只需“躺平”即可，是典型的“等靠要”“养懒汉”思维，本质上未能正确认清实现共同富裕的方式方法，忽视了共同奋斗、勤劳智慧创造的重要性。实际上，共同富裕要靠勤劳智慧来实现，依赖每个人通过勤劳和创新致富。

“经济发展就能自然实现共同富裕”：类似的观点还有“只有做大蛋糕就能分好蛋糕”等。这类观点将实现共同富裕看作经济发展的自然结果，认为社会财富多了，大家就都会富裕了。实际上，这一看法忽视、低估了政府通过社会财富分配对于促进共同富裕的作用，未能充分理解分配制度对于实现共同富裕的重要意义，从而将市场经济发展与实现共同富裕简单画上了等号。

“实现共同富裕主要靠大力发展国有经济”：这种观点过于夸大了公有制经济的作用，未能理解社会主义市场经济条件下公有制经济和非公有制经济的关系。公有制经济是我国经济的主体，国有经济承担着国家重要战略任务，发展国有经济有助于防止和消除两极分化。但是，不能忽视社会主义市场经济条件下，私营经济在促进生产力发展、解决就业、提供税收方面发挥的重要作用。可以说，没有非公有制经济的大发展，共同富裕就很难有坚实的物质基础。

“实现共同富裕民营经济靠不住”：类似的观点还有“实现共同富裕不可能靠‘资本家’”。此类观点没能完整准确地把握社会主义初级阶段的基本经济制度。一方面，必须认识到有些民营经济的无限制发展、资本的无序扩张、垄断资本对于市场秩序的破坏以及对劳动者权益的损害，乃至对促进共同富裕的阻碍。另一方面，也必须承认民营经济“56789”的贡献，多种所有制经济在社会主义初级阶段对促进生产发展、提高社会生产力的重要作用，认识到民营经济对财富创造的重要价值。

“共同富裕最终要实现免费住房”：类似的观点还有“共同富裕就是要打击房价，把房价降下去”。此类观点是对共同富裕与住房领域定位关系的误解，认为打击甚至消灭房地产市场就能实现共同富裕，这与中央关于房地产市场有关精神相违背。我国房地产调控政策的重要目标在于“房住不炒”，应通过完善住房供应和保障体系、设立房地产税等方式在社会主义市场经济条件下调节供需，以此推动共同富裕。

“共同富裕就是大力促进消费”：这类观点主要认为推动共同富裕主要从消费端入手，解决消费不足就能实现共同富裕。实际上，这一观点没能理解生产发展对于共同富裕仍然具有基础性的作用，不能准确把握供给侧结构性改革和需求侧管理的关系及其对于经济运行的重要作用。同时，这一观点颠倒了推动共同富裕与促进消费的因果关系，实际应是推动共同富裕有助于缩小收入差距，最终将推动扩大消费需求、促进消费升级。

2021年12月召开的中央经济工作会议，特别提出要正确认识和把握实现共同富裕的战略目标和实践途径，首先要通过全国人民的共同奋斗，把“蛋糕”做大做好，然后通过合理的制度安排，把“蛋糕”切好分好，这是一个长期的历史过程，要稳步朝着这个方向迈进。实现共同富裕，需要全国人民共同奋斗。在新时代要继续鼓励全体人民共同奋斗，让创造社会财富的发展源泉充分涌流。发展经济是我们党治国理政的中心工作，是解决我国一切问题的基础和关键。要实现共同富裕，必须坚持以经济建设为中心。当前突出的问题是给民营经济吃下“定心丸”，引导和规范社会主义市场经济条件下的资本健康发展，既要防止资本野蛮生长、无序扩张，又要防止“资本恐慌”和“资本外逃”，增强其市场预期和信心，鼓励他们通过辛勤劳动、合法经营为共同富裕作出更大的贡献。

在我国扎实推动共同富裕，既要在理论上兼顾自我所有权、起点过程结果公平、可行能力等问题，还要在体制机制和政策制度体系设计上考虑我国复杂的历史、代际和阶层问题，以及城乡、区域、群体差异和文化传统。这意味着“首先必须在顶层设计上通过制度构建，最大限度推进民众有能力机会均等地参与经济社会高质量发展，并共享经济社会高质量发展的成果。还要通过制度创新和倾斜，最大限度补偿和克服‘马太效应’‘阶层固化’对社会弱势群体行使自由权利和可行能力的影响”[①]。我们认为，这些思考是非常有价值的。

当前，扎实推动共同富裕，要加强制度创新的“前瞻性思考”，在制度顶层设计方面要坚持系统的观念，客观地而不是主观地、发展地而不是静止地、全面地而不是片面地、系统地而不是零散地、普遍地而不是孤立地观察实现共同富裕的重点和难点问题。在制度创新中，要坚持制度创新的整体性。其一，在长远的思考中做好制度的顶层设计，在整体上提升实现共同富裕的可行能力；其二，在当前制度的创新中，要解决好社会政策的实效性，在不给财政造成较大负担的情况下，重点提升社会成员的技能和劳动能力，倡导人人勤劳奋斗才能共同富裕，不能让民众产生过高的“分配预期”。不仅授人以鱼，更要授人以渔。要善于运用系统思维，正确处理好全局和局部的关系，善于把局部问题上升到全局高度加以把握，提高谋划力，制定实现共同富裕的

① 郁建兴：《推动共同富裕需要大力开展制度创新》，《浙江日报》2021年12月6日。

科学路线、方针和政策。在制度的系统集成创新中，要注重加强“整体性推进”，对发展与治理的长远目标、体系、能力、实现方式以及各个子系统与顶层设计的关系，作出战略性部署，保证制度之间的协同，着眼于制度创新之后产生的实效，以提高政策的匹配度、前瞻性、稳定性。

扎实推动共同富裕需要从方方面面去努力，也特别需要从制度方面加以推进，从制度的系统集成创新方面去考虑。共同富裕制度系统集成创新主要包含三个方面内容。一是没有的制度，要加快制定出台，加快推进；二是已有但不完善的制度，要加快完善；三是不配套的制度，加快制度配套，系统集成。现在有一些共同富裕的政策和制度，单个来讲都是正确的，但执行时往往互相“打架”，制度效应相互抵消，难以产生应有的效果。顶层设计时一定要考虑政策出台的先后，把共同富裕政策和制度出台协调好。当然，我们要看到，要搞好共同富裕制度的系统集成创新，需要站在历史高度，充分考虑、周密安排制度的完善、制度的配套、制度的执行。

第二节　坚持系统观念推动共同富裕制度系统集成创新

以制度系统集成创新扎实推动共同富裕，应坚持用系统观念扎实推动共同富裕制度系统集成创新，要适应社会主要矛盾变化落脚点，深刻把握和理解社会主义的本质要求、中国式现代化的重要特征和人类文明新形态的方向，提高制度系统集成创新的理论高度和历史高度。

一、体现社会主义的本质要求，体现社会主义制度的优越性

社会主义的本质内涵之一，就是最终达到共同富裕。马克思主义是关于人类解放、无产阶级解放和个人全面发展的理论。在《共产党宣言》中，马克思、恩格斯特别指出：“无产阶级的运动是绝大多数人的、为绝大多数人谋利益的独立的运动”[①]，在未来社会，“生产将以所有的人富裕为目的”[②]。社会主义本质，是新时期中国共产党人在对什么是社会主义、建设什么样的社会主义这个首要的基本理论问题的回答中作出的重要概括。1992年初，邓小平在南方谈话中指出：“社会主义的本质，是解放生产力，发展生产力，消灭剥削，消除两极分化，最终达到共同富裕。”[③]2012年12月，党的十八大召开后不久，习近平总书记就提出：“消除贫困、改善民生、实现共同富裕，是社会主义的本质要求。”[④]2020年10月，习近平总书记在《关于〈中共中央关于制定国民经济和社会发展第十四个五年规划和二〇三五

①《马克思恩格斯文集》第2卷，人民出版社2009年版，第42页。

②《马克思恩格斯文集》第8卷，人民出版社2009年版，第200页。

③《十六大以来重要文献选编》(下)，中央文献出版社2008年版，第906页。

④《习近平谈治国理政》第1卷，外文出版社2018年版，第189页。

年远景目标的建议〉的说明》中强调："共同富裕是社会主义的本质要求，是人民群众的共同期盼。我们推动经济社会发展，归根结底是要实现全体人民共同富裕。"①逐步实现全体人民的共同富裕，符合马克思主义一贯倡导的价值追求，也是中国共产党的初心和使命。

二、从中国式现代化道路的重要特征来考虑，从创造人类文明新形态的前进方向来考虑

现代化是人类历史上最剧烈、最深远、最彻底的一场社会变革。一些国家通过精英和资本主导进入现代化，同时也产生了至今难以解决的贫富两极分化难题。一些后发国家在实现现代化的过程中，简单地在制度和技术上模仿先发国家，造成了更大的贫富差距，导致国家政治动荡和秩序混乱。"共同富裕作为社会主义的本质要求，彰显了中国式现代化的显著特征"②。习近平总书记指出："我国现代化是人口规模巨大的现代化，是全体人民共同富裕的现代化，是物质文明和精神文明相协调的现代化，是人与自然和谐共生的现代化，是走和平发展道路的现代化。"③与西方不同，中国式现代化是全体人民共同富裕的现代化。推动全

---

①《〈中共中央关于制定国民经济和社会发展第十四个五年规划和二〇三五年远景目标的建议〉辅导读本》，人民出版社2020年版，第72页。

② 刘伟：《共同富裕是中国式现代化的重要特征》，《经济日报》2021年12月19日。

③《〈中共中央关于党的百年奋斗重大成就和历史经验的决议〉辅导读本》，人民出版社2021年版，第123页。

体人民共同富裕取得更为明显的实质性进展，成为推进中国式现代化、实现第二个百年奋斗目标的一项重大战略任务。中国共产党领导中国人民经过100多年来的奋斗、牺牲和创造，找到了一条中国式的现代化道路，创造了人类文明新形态，应当说共同富裕就是中国式现代化道路的重要特征，也是一个突出的特征，带有鲜明的标识。也正是因为这么一个重要的特征和标识，我国突破了西方现代化道路的模式，走出了一条符合我们中国自己特点的、符合我们自己实际情况的发展道路，中国共产党和中国人民担负起了新的人类文明形态的创造并取得了巨大的成功。

三、坚持以人民为中心的发展，坚持顺应民心、致力民富，实现人的全面发展

以人民为中心的发展思想，是党的十八届五中全会首次提出来的。共同富裕之所以被视为社会主义的本质要求和中国式现代化的重要特征，从根本上讲是因为它是全体人民的富裕而不是少数人的富裕，是具有强烈人民性的共同富裕。党的十九届六中全会通过的《中共中央关于党的百年奋斗重大成就和历史经验的决议》，全面回顾了党在社会主义建设方面取得的重大成就和历史经验，充分体现了我们党坚定的人民立场、深厚的人民情怀和为民造福的政治担当。党的十八大以来，我国实现了全面建成小康社会的目标。通过脱贫攻坚和乡村振兴等重大举措，将千百年积淀下来的区域性、整体性贫困现象彻底解决。通过健全社

会保障制度，让国家发展成果更多、更公平地惠及全体人民。进入“十四五”时期，扎实推动共同富裕成为国家发展的核心议题，未来更多的五年规划必定会使全面建设社会主义现代化国家和全体人民共同富裕持续不断的加速推进，这正是在践行以人民为中心的发展思想。坚守人民立场是马克思主义的一贯价值追求，我们坚持以人民为中心的发展，体现的就是马克思主义的一贯立场，也正因为是这样的价值追求，才能得到越来越多的人民群众的信任和拥护，这样的事业才能走下去。以人民为中心的发展，关注民生需求，提高人力资本价值，对我们实现人的全面发展意义重大。

四、立足新发展阶段，从推动构建新发展格局来统筹安排

正确认识党和人民事业所处的历史方位和发展阶段，是我们党明确阶段性中心任务、制定路线方针政策的根本依据，也是我们党领导革命、建设、改革不断取得胜利的重要经验。习近平总书记指出：“党的十九届五中全会提出，全面建成小康社会、实现第一个百年奋斗目标之后，我们要乘势而上开启全面建设社会主义现代化国家新征程、向第二个百年奋斗目标进军，这标志着我国进入了一个新发展阶段。”[①]“共同富裕是社会主义的

①《深入学习坚决贯彻党的十九届五中全会精神　确保全面建设社会主义现代化国家开好局》,《人民日报》2021年1月12日。

本质要求”[①]，是社会主要矛盾在新发展阶段作用的必然结果，是对新发展阶段根本目标的深刻把握。新发展阶段要全面贯彻新发展理念。新发展理念是一个系统的理论体系，回答了关于发展的目的、动力、方式、路径等一系列理论和实践问题，阐明了关于共同富裕的方式方法问题。进入新发展阶段，新时代社会主要矛盾的变化愈加明显，满足人民日益增长的美好生活需要，作为社会主要矛盾的目标性规定也更为明显。在新发展阶段，必须更加重视财富合理分配，正确处理效率和公平的关系。聚焦短板，聚焦问题，不断发挥分配的功能和作用，不断完善先富带后富的机制。为了适应国内国际复杂局势的深刻变化，为了在一个不确定不稳定的环境中办好我们中国的事情，党中央作出了构建新发展格局的重大战略部署，这是一个新的超大规模的棋局。这个大棋局的最终实现，需要扎实推动共同富裕来相互促进。也就是说，要实现以国内为主的大循环，需要城乡居民逐步扎实推动共同富裕来支撑这个新发展格局的实现。

第三节　扎实推动共同富裕制度系统集成创新的重点

凡事都是千头万绪，共同富裕制度系统集成创新也是千头万绪。推动工作要抓重点，不能眉毛胡子一把抓。搞好共同富裕制

① 顾海良：《共同富裕是社会主义的本质要求》，《红旗文稿》2021年第20期。

度的系统集成创新，需要站在历史高度，充分考虑、周密安排制度的完善、制度的配套、制度的执行。

一、加快完善推动经济高质量发展的制度

改革开放以来，我们推动了中国经济的高速增长，创造了人间奇迹，但在发展中我们越来越感受到发展必须是符合经济发展规律的高质量的发展。党的十九大报告提出，中国经济要从高速增长转向高质量发展。实现高质量发展是我国经济社会发展历史、实践和理论的统一，是我们党在推动经济建设不断向高级形态迈进过程中形成的思想，是全面建设社会主义现代化国家的需要，是我们党把握发展规律从实践认识再到实践再认识的重大理论创新。高质量发展能够比较好地推动共同富裕。促进共同富裕的前提就是要实现物质财富的相对富裕，而实现这个目标，最主要的途径就是要靠高质量的经济发展。只有通过高质量发展，才能做大“蛋糕”、做好“蛋糕”，才能满足人民对美好生活的需要。满足人民需要是社会主义生产的根本目的，也是推动高质量发展的根本力量。我国经济的新增长点、新动力蕴含在解决好人民群众普遍关心的突出问题中，产生于人力资本质量提高的过程中。高质量发展就是要回归发展的本源，实现最大多数人的社会效用最大化。当前，我国发展不平衡不充分问题仍然突出，如城乡区域发展和收入分配差距较大，发展质量效益有待提高，居民生活品质还需改善等。中国已打赢脱贫攻坚战，全面建成小康社会，

这些都是高质量发展的结果，为共同富裕创造了良好的条件。高质量发展推动共同富裕还可以从生产力角度来理解。共同富裕是中国式现代化的重要特征，中国特色社会主义先进生产力高度把握和促进共同富裕。“富裕”是社会主义先进生产力的内在要求，旨在通过进一步解放和发展生产力，促进高质量发展，不断创造和积累社会财富，夯实共同富裕的经济基础。进入新发展阶段，以习近平同志为核心的党中央把实现全体人民共同富裕摆在更加重要的位置上，我们必须坚持通过推动高质量发展来实现共同富裕。党中央已经在前几年提出了要加快制定推动经济高质量发展的制度体系，如统计体系、评价体系、考核体系、绩效评估体系，等等，这些年来工作上也有很大的进展，但是从更高的要求来看，还需要进一步地完善制度体系，以利于更好地推动经济高质量发展，特别是在配套方面需要系统集成。2021年12月召开的中央经济工作会议特别强调了领导经济工作必须尊重客观实际和群众需要，必须有系统思维、科学谋划，领导干部要提高领导经济工作的专业能力，必须要考虑政治和经济、现实和历史、物质和文化、发展和民生、资源和生态、国内和国际等多方面因素，因此，推动中国经济高质量发展，需要加大在制度方面系统集成的力度。

二、坚持和完善社会主义基本经济制度

社会主义基本经济制度主要包括生产资料所有制、分配方式

和资源配置方式三个基本要素，是经济制度体系中具有长期性和稳定性的部分，对共同富裕制度建立具有决定性影响。共同富裕作为社会主义的本质要求，与社会主义基本经济制度相生相随，不仅是社会主义分配关系的要求，也是社会主义经济关系总体上的根本要求。中华人民共和国成立后，中国逐步走上了社会主义道路，建立了生产资料全民所有制与集体所有制，理论界称为单一公有制。改革开放后，我们对所有制结构进行了调整，形成了公有制为主体、多种所有制经济共同发展的格局。新时代，社会主义基本经济制度进一步完善，我们把所有制形式、分配制度和社会主义市场经济体制都纳入了社会主义基本经济制度，制度优势更加彰显。这是对社会主义基本经济制度作出的新概括，是对社会主义基本经济制度内涵作出的重大拓展和深化，也是用制度形态对改革开放40多年来我国经济体制改革伟大实践成果和巨大成就的充分肯定，具有重大理论意义和实践意义。笔者认为，党的二十大应该把共同富裕的表述写入政治报告，加入社会主义的基本经济制度之中。我们在大力发挥公有制经济促进共同富裕的同时，也要促进好非公有制经济的健康发展。习近平总书记就非公有制经济和民营企业发展多次发表重要讲话，强调“两个毫不动摇”，强调民营经济是我国经济制度的内在要素，希望民营企业放心大胆发展。民营经济既是社会主义市场经济发展的重要成果，又是推动社会主义市场经济发展的重要力量。对于民营经济的发展，社会上时有不同的声音，影响到民营经济的发展。为此，习近平总书记在2018年专门主持召开了民营企业家座谈会，肯定了民营经济在“56789”方面作出的贡献，为民营经济健康发展鼓劲。因此，从改革开放40多年中国经济发展来看，如果没有民营经济，社会主义基本经济制度是不完整的，全体人民共同富裕目标也是不好实现的。我们要毫不动摇巩固和发展公有制经济，毫不动摇鼓励、支持、引导非公有制经济发展，激发各类市场主体活力，推动各种所有制经济共同发展，这将极大改变我国经济社会发展面貌，也为扎实推进共同富裕创造了制度条件、奠定了雄厚物质基础。促进共同富裕，对于民营企业来说，要做好以下两点：一要踏踏实实办好企业。把握好时代大势，坚定发展信心，心无旁骛踏踏实实办好企业。只有企业发展壮大了，才能创造社会财富，吸纳更多就业者，为实现共同富裕奠定强大物质基础。二要积极承担社会责任。当前，实现共同富裕，民营企业家在“先富带后富、帮后富”上，要充分体现“带”和“帮”。只有真诚回报社会、切实履行社会责任的企业家，才能真正得到社会认可，才是符合时代要求的企业家。

三、建立和完善扩大中等收入群体的制度

扩大中等收入群体规模是稳健走向共同富裕的最佳路径。从低收入群体规模大，中高收入群体占比低，走向共同富裕的扁平型社会，必然要经历中等收入群体规模不断扩大这一形态。走向共同富裕，扩大中等收入群体具有特别重大的意义。一方面，中

等收入群体规模的不断扩大，意味着社会财富分配格局不断优化，社会公正度不断提升。另一方面，中等收入群体规模的不断扩大，代表着共同富裕得到落实。当前，按照国家统计局的相关计算方法，我国中等收入群体约4亿人，约占全部人口的30%。低收入群体有9亿多人，约占全部人口的70%。从长远来看，能不能实现共同富裕，很大程度上取决于低收入群体收入水平的提升幅度，取决于有多少低收入群体能够迈入中等收入行列。近几年，通过制度干预，低收入群体的收入有了明显增加。2020年全国低收入群体人均可支配收入名义增长了6.6%，增速高出全国居民人均可支配收入平均水平1.9个百分点，低收入人群较快的收入增长已成为促进中等收入人群扩大的一个重要因素。总的来看，高校毕业生、技术工人、中小微企业主、进城农民工是进入中等收入群体的重要力量。因为有农民工外出务工，留在乡村中的农民人均资源占有的逐渐增加，也可能通过特色产业和专业服务来提升价值，跻身中等收入群体。大部分农民工是最有潜力成为中等收入群体的低收入人群。2020年全国农民工总量为2.86亿人，约占总人口的20%；其月均收入4072元。按照夫妇双方均为农民工的三口之家标准计算，这样的家庭收入已经比较接近中等收入群体的门槛水平了。因此，提升这一部分人群的收入水平，能够直接扩大中等收入群体规模。当前，对于低收入人群中收入较高的那部分人，能否顺利成为中等收入人群的关键，是其收入能否实现稳定增长，而就业的稳定性是收入稳定增长的基础。这是制度建设的一个重点。有的经济学家提出希望实施中等收入群体倍增计划，希望利用10～15年的时间，也就是大约到2030年或2035年，在我国基本实现现代化的时候，中等收入群体能达到8亿～9亿人。这需要我们在制度系统集成创新方面有更大的进展，与共同富裕的时代背景相适应。

四、进一步完善收入分配制度

当前，在实现共同富裕的进程中，优化收入分配制度居于十分重要的地位并发挥着极为重要的作用。习近平总书记指出，“正确处理效率和公平的关系，构建初次分配、再分配、三次分配协调配套的基础性制度安排”①。从中可以看出，不断完善收入分配制度是实现共同富裕的重要制度保障。当前要完善三次分配的相关制度建设，多措并举提高收入分配质量，增强提高人民收入水平。初次分配主要由市场机制形成，再次分配主要由政府调节机制起作用，第三次分配主要是社会力量通过慈善捐赠、志愿服务等方式进行，是对再分配的有益补充。党的十八大以来，我国基尼系数有所下降，但仍在0.46左右。事实上，初次分配的作用是有限度的，不太可能把收入差距降到0.4以下。完善收入分配制度是实现共同富裕的重要路径，只有构建初次分配、再分配、三次分配协调配套的基础性制度，才能推动更多低收入人群

① 习近平：《扎实推动共同富裕》，《求是》2021年第20期。

富裕起来。根据国家统计局测算，2019年在实际国民收入分配中，初次分配占比达74.93%，再分配占比达24.90%，第三次分配占比达0.17%。初次分配对最终分配格局的形成具有基础性作用。初次分配注重效率，主要由市场机制发挥决定性作用。

目前初次分配存在的问题：一是劳动者报酬比例不高；二是资本所得相对偏高；三是大中小企业之间竞争不充分。初次分配如果完全按效率原则进行分配，会产生较大差距，与公平原则不符；而初次分配过于平均，会导致效率低下，共同富裕缺少发展的基本动力。因此，优化初次分配，要确保劳动报酬比例稳步提高，加快健全反垄断监管体系和规则制度，着力建设全国统一的高标准市场体系。再分配是调节初次分配、缩小收入差距、促进社会公平的重要分配方式。强化促进社会公平的再分配制度，集中体现在税收、社保、转移支付三个方面，关键在于加大调节力度和提高调节精准性。再分配制度的建设方向：一是加大税收在调节居民收入分配方面的力度；二是充分发挥社会保障在促进社会公平方面的重要作用；三是健全转移支付制度。第三次分配主要是指企业和个人在自愿的基础上以捐赠形式实现的收入转移。虽然第三次分配是自愿的，在实现共同富裕的过程中起到补充作用，但必须重视其在实现共同富裕中的作用。在制度建设上，要培育乐善好施的社会风气，制定合理累进的税收制度，来提高企业和中高收入人群的捐赠意愿。

五、完善现代财税和普惠金融制度

财政和金融体现的是国家主权，要真正建立和完善符合高质量发展要求的“人民的财政”和“人民的金融”制度体系，更好发挥财政在国家治理中的基础和重要支柱作用，增强金融服务实体经济能力。加强财政资源统筹，加强中期财政规划管理，增强国家重大战略任务财力保障。深化预算管理制度改革，强化对预算编制的宏观指导。推进财政支出标准化，强化预算约束和绩效管理。明确中央和地方政府事权与支出责任，适当加强中央在知识产权保护、养老保险、跨区域生态环境保护等方面事权，减少并规范中央和地方共同事权。健全省以下财政体制，增强基层公共服务保障能力。完善现代税收制度，健全地方税、直接税体系，优化税制结构，适当提高直接税比重，深化税收征管制度改革。完善个人所得税制度，推进扩大综合征收范围，优化税率结构。聚焦支持稳定制造业、巩固产业链供应链，进一步优化增值税制度。推进房地产税立法，健全地方税体系，逐步扩大地方税政管理权。健全政府债务管理制度，建立健全规范的政府举债融资机制。深化金融供给侧结构性改革，健全具有高度适应性、竞争力、普惠性的现代金融体系，构建金融有效支持实体经济的体制机制。建设现代中央银行制度，完善货币供应调控机制，稳妥推进数字货币研发，健全市场化利率形成和传导机制。构建金融有效支持实体经济的体制机制，提升金融科技水平，增强金融普惠性。深化国有商业银行改革，加快完善中小银行和农村信用社治理结构，规范发展非银行金融机构，增强金融普惠性。改革优化政策性金融，强化服务国家战略和规划能力。深化保险公司改革，提高商业保险保障能力。健全金融机构公司治理，强化股东股权和关联交易监管。完善资本市场基础制度，健全多层次资本市场体系，大力发展机构投资者，全面实行股票发行注册制，建立常态化退市机制，提高上市公司质量，提高直接融资特别是股权融资比重。深化新三板改革。完善市场化债券发行机制，稳步扩大债券市场规模，丰富债券品种，发行长期国债和基础设施长期债券。完善投资者保护制度和存款保险制度。完善现代金融监管体系，补齐监管制度短板，推进金融双向开放。稳妥发展金融科技，加快金融机构数字化转型。健全金融风险预防、预警、处置、问责制度体系，对违法违规行为零容忍。①

六、不断推动完善基本公共服务均等化制度

享有基本公共服务是每个公民的基本权利，保障人人享有基本公共服务是政府的重要职责。国家基本公共服务标准是全国层面的基础标准，是根据我国经济社会发展和财力状况，兼顾各地发展的阶段性特征和财政承受能力，确定的全国统一基本公共服

---

①《中共中央关于制定国民经济和社会发展第十四个五年规划和二〇三五年远景目标的建议》，人民出版社2020年版。《中华人民共和国国民经济和社会发展第十四个五年规划和2035年远景目标纲要》，人民出版社2021年版。

务标准的下限和最低要求。基本公共服务均等化是实现共同富裕的基础保障，提高基本公共服务均等化水平，是我国“十四五”时期的明确要求。习近平总书记指出：“低收入群体是促进共同富裕的重点帮扶保障人群。要加大普惠性人力资本投入，有效减轻困难家庭教育负担，提高低收入群众子女受教育水平。要完善养老和医疗保障体系，逐步缩小职工与居民、城市与农村的筹资和保障待遇差距，逐步提高城乡居民基本养老金水平。”[①]我们过去做了大量的工作，从各方面的反映来看，在就业、教育、医疗、养老、住房这些方面，应当说还需要更加努力，需要提供更加精准的基本公共服务。

当前，我国在促进基本公共服务均等化的过程中，社会保障发展还不平衡，结构性矛盾依然突出。社会保障水平区域不平衡，与地区经济发展程度相关。要使社会保障水平不平衡现状得到缓解，需要尽快从以地方实施为主，提升到国家统筹，充分发挥中央政府对社会保障建设的作用。在地区发展不平衡的条件下，可以允许一定时期内存在差距，但要尽可能地通过社会保障制度促使公共资源得到更为公正的配置。经国务院批准，国家发展改革委联合20个部门印发了《国家基本公共服务标准（2021年版）》，为国家提供公共服务项目划定了标准、界定了范围、明确了责任，是健全基本公共服务体系的重要举措，是我国保障和改

---

① 习近平：《扎实推动共同富裕》，《求是》2021年第20期。

善民生的一次重大制度创新。制度建设要向整合方面发展，加强针对职工、居民和机关事业单位工作人员的社会保险安排的整合力度。低收入群体是促进共同富裕的重点帮扶保障人群，要提高低收入群众子女受教育水平，要完善养老和医疗保障体系，逐步缩小职工与居民、城市与农村的筹资和保障待遇差距，逐步提高城乡居民基本养老金水平。现在，实施常住地基本公共服务，对一些随儿女生活的老人和进城农民工来说非常重要，国家已经纳入日程，开始操作这项工作，2021年中央经济工作会议已经提了这个问题。但是不少城市做得不是很好，还不到位，老百姓办起事来还有很多困难，这里还需要制度完善，特别是制度衔接配套。

后记

在庆祝中国共产党成立100周年的日子里，应中共中央党校出版社之约，在认真学习领会习近平总书记关于扎实推动共同富裕重要讲话精神的基础上，我们编写了本书，力求在总结共同富裕思想的历史演进中深刻认识我们党提出共同富裕的历史必然性，在分析共同富裕的时代背景和形成逻辑中深刻揭示扎实推动共同富裕的科学内涵和重大意义，在破解共同富裕的挑战难题中阐释扎实推动共同富裕的基本原则和战略部署，在实践高质量发展中探索扎实推动共同富裕的基本路径与政策体系。

本书由中共中央党校（国家行政学院）马克思主义学院院长张占斌教授组织编写，经讨论形成写作提纲。由张占斌、董小君、黄锟、王海燕分工写作。具体分工为前言：张占斌；第一章：田书为、周钊宇；第二章：张占斌、毕照卿；第三章：王海燕、熊杰；第四章：董小君、王学凯；第五章：董小君；第六章：黄锟；第七章：张占斌。

中共中央党校出版社为本书出版做了大量而细致的工作，是本书得以高质量及时出版的重要保证。在此，一并表示至诚感谢！

作　者

2022年1月1日